法哲学的视界

吴彦 著

商务印书馆
The Commercial Press

序

黄　涛

　　学人之间作序,或叙相知相识,道尽私人情谊;或就事论事,谈学论道。我和吴彦相识十多年了,按理说,两者都可以写,但又都不好写,毕竟在这本题名为《法哲学的视界》的书中,他其实已经将这十余年来的主要学术行动甚至包括心路历程都做了展示。书出版了要公之于众,我要给世人展示一个怎样的吴彦呢?

　　回顾与吴彦的交往,最早我是通过微博留言联系上他的,那时我们都在上研究生,我早已痴迷于德国古典哲学,尤其是康德哲学,总觉得在同龄人之中难有知己,后来读到了他讨论康德法哲学的文字,为之一惊,于是有了联络冲动,这就算是最初我们二人交往的缘起吧。但我们的第一次相聚已经是在北京,在北航校园里,那时他即将出版墨菲的《康德:权利哲学》(中国法制出版社2010年版),我也即将出版马尔霍兰的《康德的权利体系》(和导师赵明先生合译,商务印书馆2010年版)。如今想来,这两本书应该是21世纪头十年国内青年学者最早翻译和介绍英美学界的康德法哲学著作。此后我们一发不可收拾,在我的师弟倪江云的支持下,我们合作主持"德意志古典法学丛编",这是后话。

　　我们的交往从翻译开始,我们因不同机缘走上了翻译和主持译丛的道路,并对学术翻译持有类似观点。我认同他的语言在根本上与政治认同相关的观点,尤其是在面对较之我们发达的现代西方学问时。我们尽管一方面要低头认认真真地学习,但另一方面也要清晰地意识到,这种学习最终要转换为我们自身的民族意识,我们应该努力建构自己民族的思想世界,无论是在法哲学,还是在其他思想领域。因此,无论我们在识读异国语言的能力方面有多么强,我们总要面临一个如何用本国的语言言说思想的问题。吴彦是邓正来先生的及门弟子,在翻译方面早有训练,而我的起步则明显要晚一些,直到2006年前后,在邓晓芒先生和刘小枫先生的引导下,我才意到翻译之事是紧要之事。翻译绝非仅是一种文化层面的事情,《法哲学的视界》一书第三篇中有好几篇文章都在讨论翻译之事,我想这样的讨论有一个意义:它可以提醒我们这群出生于 20 世纪 80 年代前后的学人,不要觉得自己的语言已经足以娴熟,不要觉得翻译不过是技巧,缺乏原创性,而是要进一步深思到翻译对于一种开放的民族认同之建构的意义,一切异域的思想,都要经过翻译才能进入本国的思想中,如此才有我们所期待的"中国学问"。

也许正是因为这一点，我和吴彦在十多年的交往中，无论是在私下聊天，还是在公开活动中，都给人以一种译丛组织者的形象。我们或许未必是非常出色的译丛组织者，但我们有一种意识，就是要在我们这一代学人中有意识地营造一种重视翻译的氛围。尽管在眼下，尤其是政法类的研究中，译作并不受重视，但如果我们回顾今天使用的一些学术概念和话语，有几个不是通过翻译的转换来获得的呢？面对现代西方的政法学问，我们即便可以有明确的保留意见，但如果说我们可以远离现代西方的政法学问，我们又将要追求何种政法学问呢？因此，我们带着一种理解现代西方政法学问的立场，甚至是建构中国的政法学问的期待进行译丛组织工作。在 21 世纪头十年，我和吴彦一起坚持我们所认为的译丛事业，我们也偶有怨言，但更多的却是乐观。正如他在《漫谈翻译》一文中所说，在目前学术评价体系之下，对于翻译的贬斥，其实在某种程度上是保护了翻译，如此，我们才能真正寻找到一批不急不躁，但有着同样的内在追求的同行者。

当然，我们也不仅是从事翻译，在过去十年间，我们也写作论文，尤其是评论。2016 年，他出版了《日常法理与政治意志》一书，其实是他在各个时期写作的论文或者评论，这本《法哲学的视界》也同样如此。而我也在 2018 年出版了《爱欲与共同体》，在 2020 年出版了《法哲学与

序

iii

共同生活》。在这些作品中，我们表达了对于眼下中国法学的相同看法，这就是，中国法学（其实更广泛的也包括当代中国的政治学研究）普遍地缺乏一种对于意义世界的关注。我们将太多的精力置于对法律法规和政策的现实效果的考察上，我们开始向西方学习用各种各样的分析工具来对于这些法律法规和政策的逻辑结构和现实效果进行分析，这些分析花样繁多，研究者耗费了极大精力，但这些研究又在另一个层面体现出了无知：很多时候，我们的研究不过是用精致的分析工具去揭示一个日常道理甚至意见，而无视我们人类生活的整体性。当我们在赞美某一个现象的时候，我们缺乏对于本质性的事态的关切，甚至，我们并不愿意去关心那些现实中看不到的东西，或者历史上曾经出现的东西。在阅读《法哲学的视界》这部书稿时，我对吴彦从菲尼斯那里看到的"人类事务哲学"的表述很感兴趣。所谓的"人类事务哲学"，当然是对于人类整体生活的思索，而对于人类整体秩序的思索，当然要求我们摆脱那种孤立地看待法律和政策的视角。我们始终要追问，我们对于法律规范和公共政策的建构，在何种意义上与我们对于美好生活的想象或者思考相关？

正是这方面的思考，促使吴彦和我不得不对当下流行的一些政法思维进行批判，我们并非温文尔雅的翻译者或者阅读者,尽管吴彦个人的形象似乎要更为沉着冷静,但他批判的笔调在《法哲学的视界》这本书中仍然非常尖锐。他抨击当下中国法哲学的研究现状,从基础研究的匮乏,到过度的"现实取向",再到对热点的追逐,这些都是年轻一代学人感受至深的现象,但是有谁敢公开地向 CLSCI 开炮,有谁敢如此公开地向那些如今已经成为年轻学者"衣食父母"的核心期刊开炮?我缺乏吴彦兄的勇气,只能隐晦地在《法哲学与共同生活》中做一表达,但坦诚的年轻一代学者们应该要承认,在 21 世纪头十年的中国法史学、法哲学学问的衰败中,我们花样翻新,有哪个人真正熟悉哪一派学问?有哪个人的写作能够一如既往地沿着某一问题不断深入?有哪个人的学问能够越出法学的技术性的藩篱,给人以生命和价值的启迪?

法学学问当然要关注现实,但关注现实并非仅仅是为了解决现实的问题,因为现实问题本身也许才是真正的问题,那些不追问现实的问题本身存在的问题的研究者,匆匆忙忙地想要给现实问题的解决提供方案,最终要陷入现实的泥潭。在很多时候,并非现实中的一切问题都要解决,这就好比人的一生之中,并非所有的烦恼都需要解决,因为太多的烦恼不过是庸人自扰。我和吴彦常常感叹我们这一代人的价值匮乏,甚至觉得我们还不如前辈们的意气风发，我们常常谈及对于20世纪80年代前后出生的这一代人的希望甚或绝望，但我们仍然需要努力，毕竟我们也属于这个时代。

我和吴彦在认识上的一致性还在于，我认同他的"大法学"的观念，他倡导一种"大法学"的法理研究，他提出："法律理论研究不能局限于单纯的法律领域，而必须要跳出法律领域，进入由道德、政治和法律哲学共同构成的实践哲学领域。"如果结合他在菲尼斯那里发现的"人类事务哲学"，那么，法律理论的研究，尤其是法哲学的研究，就一定不能脱离对于人类事务的整体理解。和吴彦相似，正是考虑到现代法学的学科划分的趋势，我才倡导性地提出"走向古典法学"，因为在古典法学那里，我们对于人类事务的理解还并不如当代世界这样支离破碎。在柏拉图和亚里士多德的语境中，即便在康德、费希特和黑格尔的语境中，我们都可以看到这种整体的对于人类事务的理解，甚至，我们在文学作品中，在宗教类的作品中，也能够看到这种理解。

也正是在此意义上，我们共同推进对经典作品的研究，我们倡导的法哲学与政治哲学也因此是以经典作品的研究、评论为出发点的法哲学与政治哲学。我们很少就现实问题发言，这不是说我们无视现实，而是我们共同认为，在经典的作品中，我们会更为清晰地看到现实生活中所存在的问题,或者说,经典作品会引导我们对于现实问题做出不一样的思考。我们敬畏经典,在于我们共同认为,经典作品是人类智慧的源泉,经典作家有着高于我们的智慧,或者有值得我们认真去思索的智慧。我们并不反对创新,但反对蔑视经典作品的胡言乱语。也因此,吴彦才有一些极具讽刺性和批判性的说法:某一些学问,在一些无关紧要的事情上,或许是有很大的助益,但恰如康德所指出的,这样的学问是"一颗可能很美,只可惜没有脑子的头颅"。

在过去的十年间,我和吴彦共同认为并倡导:法哲学的研究,应该向经典的思想家们学习,认真研读他们的作品。从经典作品中学习和理解人类的整体事务,是我们今天的法学与政治学研究中不可或缺的部分,因为我们所面对的法律或者公共政策,是针对整个共同体的,是针对生活在共同体秩序中的人的。尽管在现实生活中,我们总是要面对具体的问题,但这些具体的问题对于个体来说并不是孤立的,而是活生生的人类生命中的一个表达和体现,我们不仅要整体性地看待共同体的生活,也要整体性地看待人,尤其是要看待人对于自身意义世界与价值世界的探究。

《法哲学的视界》尽管是一部论文集,甚至其中有不少随笔性文字,但从这些文字中,我们可以看到作为一个年轻的法哲学研究者的视野。他对于国家、战争、国家图书馆等问题的思考,显然已经不是在实定法的层面,而是进入了人类的具体生活场域。但正如吴彦在有关部门法哲学研究的评论中所言,人类的具体生活场域才是法哲学研究应该重点关注的问题。例如,他说,家庭法的基础在于对家庭的法哲学研究,而家庭的法哲学背后则是对家庭本身的哲学思考和研究。"在这里,法理学者既要深入更基础的哲学性的研究,亦即对于家庭、婚姻、战争、国家、契约、公司等等人类生活形式和联合形式做出哲学性的研究,又要同时兼涉具体的制度架构。他们所担负的这一承上启下的贯通式的使命,是其他学者无力承担的。或许这也就是我们未来的法理学者理应为其自身设定的任务和使命。"如此说来,一个从事具体的部门法研究的学者,怎么能够仅仅局限在法条构成的世界里面? 在这个方面,吴彦甚至对于他所批判的社科法学有一丝同情,因为毕竟社科法学更为关注人类的具体生活的场域,他们从经济学的、社会学的、人类学的各种视角出发来描述这些具体生活场域。

吴彦近年来转向自然法研究,尽管他一直不同意我使用"转向"这样的说法。按照他在《我与学术的缘分》一文中的自述,他与自然法的接触早在本科时代就已经开始。2018 年前后,他前往牛津,追随菲尼斯,而在此前,他刚刚翻译出版菲尼斯的系列著作。此事是出乎我的意料的,因为我原本以为他会继续他耗费了大量精力和功夫的康德法哲学的研究,毕竟2016年的时候,他刚刚出版了《法、自由与强制力——康德法哲学导论》,这本书应该是21世纪头十年中国年轻一代的法哲学研究者出版的第一本有关德国古典法哲学的书。在我们共同主编的"德意志古典法学丛编"中,他还围绕着德国古典法哲学编辑了好几部译文集。此外,我知道他手上还有当年在研究生时代翻译的几十万字的康德法哲学译文。

我是观念论的研究者,康德的法哲学和道德哲学也是我人生和学术之路的起点,对于他"转向"自然法,我一度疑惑不解,还和汤沛丰博士有过一次长聊。尽管我知道,无论是自然法研究,还是观念论研究,我们所关心的都是一个相同的问题,这就是对人类的道德世界或者意义世界的追问。我和吴彦无法分享社科法学和教义法学的知识成果的一个重要原因是,在我们看来,它们回避了意义与价值的问题。按照我的说法,它们回避了制度生活中,或者是具体的社会生活中人的爱欲的问题。吴彦则认为,教义法学是以业已被确立起来的基本价值秩序为前提的,但它本身无力处理这个前提;而社科法学则将效率、后果、有效性作为法律最核心的,乃至是唯一的价值目标(参见《我们这个时代到底需要怎样的法哲学?》一文第六部分）。正是在这个意义上，我认为在他的自然法研究和康德法哲学研究之间并不存在根本的分歧，因为康德所揭示出来的，正是我们追求的价值和意义的源泉。康德所揭示出来的自由意志，在我看来，正是现代人所唯一能够倚赖的本体。我们不是将自由意志简单地视为个体的自由选择而加以抛弃，而是要在这自由意志之中寻求更多的东西。在我看来，这是康德的全部实践哲学的奥秘所在。

当然，我也能理解人们对康德的道德哲学有着太多误解，正因此，我才将为康德道德哲学辩护作为自己的学术使命。吴彦在某种程度上认同了菲尼斯对康德的批评，即认为康德主义最大的问题在于，在用实践理性所设立的法则作为评判行动的原则时，其往往会陷入空洞。菲尼斯指责康德忽视了目的的问题，陷入了一种"漠视人类生活之本真境况的状态"。我对这一评论持保留意见，因此一度感叹为何吴彦不能更为深入地理解康德的道德哲学，从而陷入了对于康德道德哲学的一般意义上的指责，或者未能识别出菲尼斯见识中的匮乏。然而，我也能理解，一个人对于学问的追求往往伴随着自己的个性。也许，吴彦是从菲尼斯以及菲尼斯所倚重的托马斯·阿奎那那里看到了更能够打动他的东西。我甚至由此能够理解，走向自然法并非吴彦的"转向"，而是他在菲尼斯和阿奎那的学问中看到了自己生命深处的渴望。放弃自己熟悉的专业研究，转向自己内心所呼唤的方向，这才是真正学者的品质，如今有几人能够或者愿意这样做呢？

作为学术道路上的友伴，我对吴彦的学术追求，以及对于他的学术组织能力，倾心赞赏。近十年来，我们共同推动法学乃至政治学领域中的一些并不为体制所看重的研究，共同举办各种学术聚会，相互打气，彼此激励，这也是我这些年能够一如既往地坚持的缘由所在。他是一个很好的青年学术引领者，他看似沉默，但个性十足，有坚强的毅力和执行力，他以一人之力主持商务印书馆三套丛书，创办《法哲学与政治哲学评论》。《法哲学的视界》由若干短篇构成，这些篇章几乎完整地反映了他在这些年的所思、所想与所做。言行一致，是君子应该有的美德，在我们这一代人中，我在吴彦的身上看到了这一点。越是在一个难以摆脱利益诱惑的时代，越是在一个人云亦云，不敢有所作为的时代，我越是敬仰这样的友伴，也越是期待我们还能拥有更多这样的友伴。

是为序。

2020 年 12 月 11 日于广富林玉泊湖畔

目 录

自 序   1

第一篇　自然法

自然法学为何要出场,及如何出场?   7

自然法的古今之变   19

阿奎那思想中的法律四要素   24

菲尼斯印象   30

为什么要读菲尼斯?   46

菲尼斯实践哲学概要   64

第二篇　法哲学

我们这个时代到底需要怎样的法哲学?   83

法哲学、共同生活与古典法学   94

CLSCI 与中国法学的封闭   105

法律与国家:法哲学史中的核心问题   117

良好的政治秩序   126

国家、战争与现代秩序   131

国家的文化义务   136

第三篇　　语言与翻译

语言、文化与政治认同　　　　　　　　147

漫谈翻译　　　　　　　　　　　　　159

语言能力与学术研究　　　　　　　　170

丛书总序四则　　　　　　　　　　　181

第四篇　　学问与人生

我与学术的缘分　　　　　　　　　　193

为什么要阅读经典？　　　　　　　　235

阅读原典与二手文献　　　　　　　　240

给法理学生的一份阅读书单　　　　　248

札记　　　　　　　　　　　　　　　302

一名学术素人的旧闻与新知　　　　　315

自　序

　　呈现在读者面前的并不是一本严格的学术著作,而是一本随笔集,是笔者在过去五年间就各类不同主题而撰写的文章、书序、访谈及回忆的合集。在这个通过课题和职称而把学者们的时间牢牢"绑定"在"码字"之上的时代,撰写这样一些文字多少显得有些不合时宜。但是,当拿起手中的笔来撰写那些严格的学术论文的时候,我总是在想,我们为什么而写作? 我们是在为谁而写作? 古希腊人常教我们要勇敢,而我们的先人则常教我们要有骨气。无论是勇敢,还是骨气,不是别的,就是抛开那些在自己看来不重要的事情,而去从事那些在自己看来真正有意义的、真正重要的事情。在过去十年,无论是自己花费诸多精力来从事和组织的学术翻译,还是自己孜孜以求的学术研究,尽管在现有的评价机制下被看成是"无甚有用"的,但在我自己看来却是真正值得从事的,而且是值得花费毕生精力来从事的。本书收录的文章,无论是它们的题材,还是写作的风格,都体现了在过去这些年我对我所从事的这些事情的所思、所想和所感。

　　第一篇的主题是自然法。这是我这五六年来研究重点之变化的一个主要方面。从原来的康德法哲学转向亚里士多德-托马斯派的自然法。自然,康德对我影响很大,对于西方思想的理解,把我带入学术门道之内的,正是对于康德哲学的研读和思考;但是,就我内心的"偏好"和"性情"来讲,我总觉得康德缺少点什么。至少就康德道德哲学的主体部分而言,他忽视了某些真正切入人类生活中活生生的东西。他太严格,太追求自然科学的那种严谨,他的道德哲学最核心的意图在于追求我们道德思考的"前提"。尽管这也很重要,但人类的道德生活同时也是一门艺术,一门克服恶的艺术。我们除了需要明晰我们的前提和原则之外,我们还需要思考整个道德生活过程中所有那些与我们的行动牵扯在一起的东西,包括那些被我们所追求的好的东西和我们极力去避开的坏的东西,还包括心灵的那些好的倾向和坏的倾向,我们需要各种无法用严格的法则予以把握的东西,而这些在康德哲学那里尽管不是消失不见,但至少是处于一个边缘地带的。所以,这样的一种转变,就我个人来讲,并不是一种纯粹的研究方向和研究对象的变换,而是内心真正立场上的改变,或许也可以说,是我自己真正找到了一些值得现在的我去辩护的东西。当然,这样严肃的和系统的思考或许读者可在后续我即将推出的《心智与政治秩序》一书中读到,该书是我计划中的五卷本《人类生活秩序原理》(第二册《人类本性与人类善》,第三册

《人类联合》,第四册《国家理论》,第五册《法哲学》)这一更大的写作计划的第一册。

第二篇和第四篇的文章多是写给法学圈的,有写给同道们的,也有写给学生们的。每个人都有自己的经历,学术的经历无非就是读书、思考和写作的经历。这既包括如何读书,如何做学问,读什么书,做什么样的学问,也包括对当下某些思想倾向和制度机制的反思和批判。当然,这样的批判绝不是为了批判而批判,而是希望我们可以通过这样一种自我反省式的检视,让我们所身处的环境变得更好。学者和学术在根本意义上是面向"真切"的东西的,他们不应是可数字化的"商品",更不应成为一种可操控的对象(诸如课题)。学术的品德,其中最核心的就是那种作为"自我掌控"的自由,一种面向"真切"之物本身的自由,它是与中国古典传统所讲的"风骨"密切相关的。

收录在本书第三篇中的文章,其讨论的主题是语言和翻译。其中《语言、文化与政治认同》是这部文集中唯一一篇写作于学生时代(硕士刚入学不久)的作品,也是我最早发表的一篇文章。对于这篇写作于 15 年前的文字,现在读来仍然鲜活真切。其所表达的想法,从某种意义上讲,是我近十年来坚持做翻译,坚持组织身边的同道一起做翻译,并且一直坚持用中文写作的根本缘由之一。

语言,除了交流的功能之外,更为重要和更为本真的功能就是身份认同。中国人之所以为中国人,之所以拥有这样一种被冠以"中国"之名的文化,正是因为我们有属于我们自己的独特的语言。中文承载着我们对于人类情感、人类之各种行为方式、生活之各种形态的基本理解。我们是通过语言来型塑我们的生活的。所以,如何认真地对待我们的语言是一项极为重要和严肃的事情。这也是我一直反对眼下学术体制"追求"发表 SSCI(外文核心期刊)的根本原因。在我看来,任何这样的一种"引导",对于中国的文科学术来讲,都是一种灾难。

第一篇

自然法

自然法学为何要出场，及如何出场？

社科法学和法教义学的争论是晚近法理学界最值得关注的一个现象，并且，这一争论也以各种不同的方式被加以解读。比如，它们之间的分歧被看成是德国派和英美派的较量；而它们之间的共同点则被看成是对于之前以立法为中心的法理学的回应，试图代之以以司法为中心的法理学。

当然，今天我在这里要讲的是一个与它们都不太相同的立场，那就是"自然法学"的立场，或者用一个更为宽泛的概念来讲，就是"法哲学"的立场。这并不是我自己刻意"炮制"的一个概念。好像我们从教科书中看到的自然法学、法实证主义与法社会学这三大流派，我们现在似乎就缺少"自然法学"这一脉，所以我们要把这个东

本文初稿是提交给 2016 年 5 月在北京昌平召开的"第一届自然法青年论坛"的笔谈文章，后又刊发于同年 7 月 20 日的《中国社会科学报》。这里所收录的是经笔者重新修订和补充过的稿件。

① 在菲尼斯看来，法哲学就是自然法学。就我个人看来，这个立场在根本意义上是正确的。自然法包含了三个基本部分：一是自然法伦理学（natural law ethics），其最核心的概念是"好"（good）；二是自然法政治学（natural law politics），其最核心的概念是"共同善"和"权威"；三是自然法法理学（natural law jurisprudence）。所谓的自然法法理学就是我在这里讲的法哲学。

西引进来。如果是这样的话,那么提倡自然法学就是一个非常糟糕的想法。

相反,在我看来,在当下中国法学的语境下,社科法学和法教义学面临着一些其自身无法解决的问题,甚至这些问题会在很大程度上影响我们未来法理学整体的生长和成熟。所以,在我看来,自然法学或法哲学的立场,已经到了需要出场的时候。所以,第一个问题便是,自然法学为什么要出场? 或者说,社科法学和法教义学到底存在什么问题,而使得自然法学的出场变得必要?

一、社科法学和法教义学之检讨

限于篇幅的缘故,我并不准备对社科法学和法教义学作逐一的论述和检讨。因为这样的一种检讨,从某种意义上讲,除了学术本身的考虑之外,更多的是出于对整个思想背景和现实处境的考虑。或许在将来我会撰写一组文章,来比较系统地检讨这场争论以及这场争论背后的一些东西。在这里,我只是想提出这样一种观念,这种观念或许会帮助我们理解内在于这场争论的局限性。

无论社科法学和法教义学在细节性问题上有何争论,就其整个争论的性质而言,都聚焦于一个问题,那就是法律、法律体系或法学的"封闭性"和"开放性",或者说,围绕着法律和法学的"自主性"。法教义学是法律/法学自主性的维护者,而社科法学则试图突破这一自主性,寻求其他学科对于法律的理解。但是,社科法学与法教义学分享着同一个前提,那就是它们的核心关注点都是"实在法"。社科法学只是希望从实在法的"外部"来理解实在法,以此来完善实在法,而法教义学则希望从实在法的"内部"来完善实在法。

但是,我的疑问是:是什么东西在提供法律以这样一种"自主性",或者说,是什么东西在制造这样一个"法律帝国"?

如果我们翻看西方的历史,将视野放置在 16、17 世纪,亦即这个法律帝国神话的前史的话,我们可以非常清楚地看到两个对于法律的统一性来讲非常重要的东西,一个是国家意志或国家主权,另一个是共同的价值共识。前者由现代早期的民族国家秩序型塑而成,后者则是由现代早期的自然法学说型塑而成。或者,我们可以说,对于"法律体系"这个事物,有两样东西支撑着它的统一性,一是处在其下面的"价值共识",二是处在其上面的"政治意志"。对于现代世界的任何一个法律体系,这两样东西都是不可或缺的。并且,现代西方整个法律的发展也展现出这样一个辩证的过程:就一个成熟的法律体系来讲,总是事先生成一种价值共识(在现代西方,这个价值共识是由现代早期的自然法和自然权利学说塑造而成的），然后依凭国家主权或国家意志将这一价值共识以法的形式予以实定化。而这一实定化的过程将同时伴随着另外两个过程，一是价值共识在被实定化了的法中逐渐隐退（这同时伴随着自然法的隐退和法实证主义立场的显现），二是政治意志同时也在被实定化了的法中隐退（这伴随着对于法秩序中的命令、强制的强调转向对于法秩序中的逻辑等等相类似要素的强调①）。从而，法律的自主性便在吸纳价值共识和政治意志的同时，将其同时扬弃掉（当然，这种扬弃绝不是一种抛弃，而是将这两者吸纳到它自身的逻辑之中，使之成为它的一个背景）。这是西方法律发展的一个内在逻辑。

从这样一个逻辑中，我们可以看到，对于任何一个比较成熟的法律体系来讲，它必须具备这样两个要素。一个是比较成熟的"规则"体系，这是法教义学比较看重的；另一个是对于这个规则体系所规范的"生活形式"必须拥有一种"成熟的意识"，这个成熟的意识往往是由价值共识提供的。

在我看来，社科法学和法教义学，最核心的问题就在

---

① 从边沁和奥斯丁式的法律实证主义向哈特式的法律实证主义的转变，可以看出这一基本的变化。前者强调主权和命令，而在后者那里，法律所拥有的这样一种强制的形象被整个地颠覆掉，而被代之以"习俗"这样一种更温和的形式。

于它们无法提供它们所要规范的那个对象——生活形式——以成熟的意识。比如，对于婚姻和家庭这一生活形式，对于财产这一生活形式，对于国家这一生活形式，乃至对于全球范围内人与人之间的交往这一生活形式，社科法学和法教义学是不予处理的，认为它们不是法学的议题，而是政治学、哲学甚或其他一些学科的议题。但实际上，如果没有对于婚姻的性质、家庭的性质、财产的性质、国家的性质以及怎样一种婚姻形式是好的婚姻形式，怎样一种财产形式是好的财产形式，怎样一种国家建制是好的国家建制拥有一种成熟的意识，法律体系或一个成熟的法律体系是不可能生成的。而我们现在整个的法理学，就是缺乏这样一种对于我们自身之生活形式的成熟意识。

所以，就我个人的判断，现代西方法学的一些时兴议题，诸如司法过程的心理学解释、法律解释、法律方法等等，在很大程度上并不是目前中国法学最核心的使命，相反，中国法学目前所面临的问题与西方法学在16、17、18世纪所面临的问题是高度一致的，它仍然是一个奠基的活动，只有在这个奠基之后，我们才有可能去谈论拥有我们自身之特征的"中国的法学"。法学，在中国的语境之下，从目前来讲，还不是一个开始需要将其"封闭"起来，以满足其"自主性"要求的东西，而是还需要一种整体性的奠基,这个奠基是由我们对于生活本身的哲学性的理解、政治性的抉择,从而历史性地生成的。

正是在这个意义上,自然法学或法哲学,亦即对于法体系赖以为基础的那些前提的思考、辩驳和最终的认可,在很大程度上理应成为中国未来法理学思考的一个核心议题。因此,也正是在这个意义上,法理学必须跳出"狭义法学"的范畴,而进入一个"大法学"的领域之中,亦即进入政治哲学和道德哲学的讨论之中。如此,法理学才可能焕发新的生机,并由此为未来法学的整体繁荣提供奠基性的准备。

二、自然法学的立场

那么,什么是自然法学的立场?它又是如何对待其他法学立场的?下面我想作一个大致的梗概。当然,自然法学是一个非常庞杂的思想传统,它内部的分歧有的时候甚至比它与其他法律学说之间的差异还要大。在这个意义上,我可能采取一种相对比较宽泛的"自然法"的定义,亦即把它看成是这样一种立场:我们所服从的这些规范,在最终意义上是根植于某种渊源于"nature"(本性、自然)的东西,也就是说,这些规范不是习俗性的,不是约定俗成的,不是制造出来的,而是生来就如此。

当然,这样一个定义在某种意义上撇开了一个更为根本性的问题,那便是这个"基础"在最终意义上是什么,是"human good"(阿奎那、菲尼斯),是"正当的自由关系"(康德),还是其他某种迫切的"生存欲求"?这是自然法传统内部的问题,它决定了自然法的各个派系,甚或如菲尼斯(John Finnis)所讲,这是一个规范性基础(foundations of normativity)的问题。而如果我们要探讨自然法自身的认同性,我们就必须从自然法的外部差异,也就是从它与其他立场之间的差异来看待它。下面,我想逐一对这些差异作一个概述。当然,这样一种概述,也包含着对我们现在所抱持的某些自然法观念的批判,正是对于自然法的这些误解,在很大程度上影响着我们对待自然法的基本态度。

(一)"保守式"自然法立场 vs."革命式"自然法立场——对待法实证主义的基本态度

自然法与法实证主义的立场被看成是"法律"与"道德"间关系问题上的分歧。法实证主义对于自然法最主要的指责就是,因为自然法主张"恶法非法",所以它在很大程度上威胁到了法律的"安定性"(security of law)。

对于这种革命式的自然法观念,菲尼斯作出了非常具有建设性的回击。在我看来,这个回击在很大程度上是成立的。这种"革命式"的自然法观念在很大程度上并不是自然法传统自身所主张的一种立场，而是启蒙运动时期某些自然法学说所抱持的一种观念，并且这种革命式的自然法观念是与一种把自然法看成是实在法的"摹本"的观念紧密勾连在一起的。这种自然法的"摹本说"以及"革命式"自然法的观念在更深的层面上与现代早期的一批思想家（培根、笛卡尔等）的抱负，亦即试图整体性地把握世界、支配世界的企图是相通的。而自然法的整个衰败乃至误解正是从后来人们对于这种自然法观念的批判开始的。所以，要重新认识自然法，必须从对于这种自然法观念的检讨开始。

在我看来，我们需要的是一种不同于革命式自然法的保守式自然法观念，其基本的主张及一些核心的要点可大致概括为以下几点：

1. 自然法不是一个"体系"，一个被实在法"模仿"的体系，而是一些"最原初"的原则。对于这些最原初的原则，我们是可以通过最基本的认知来认识的。这种认识能力既有赖于内在于人自身的"良知"，也有赖于某些基本的"经验"。对于这种认识活动的研究，构成了一种特定的认识论。

2. 实在法不是通过演绎的方式从自然法那里引申出来的，而是通过"prudentia"所运用的"determinatio"（慎断）。这是一种技艺活动。在这个意义上，实在法秩序的建构依赖于人的明智德性(实践智慧)和技艺,也正是在这个意义上,我们说法学是一门有关正当的实践智慧(juris-prudentia)。

3. 自然法与实在法构成了一个从"一般"到"具体",又有赖于人的实践智慧(prudentia/practical wisdom)的体系,最终生成的那种实在法秩序必定是一种特定时空之下的秩序,并且这种秩序自有其内在的合理性。在这个意义上,遵守实在法其本身就有某种合理性。

(二)经验事物作为反思法律基础的材料
——对待社科法学的基本态度

自然法立场并不排斥社科法学所主张的那种对于法律现象的心理学的、人类学的和经济学的研究。换言之,自然法立场并不排斥作为"方法"的社科法学,这与它对待分析法学的态度是一样的,也就是说,它并不排斥作为"方法"的法实证主义,亦即不排斥对于法律体系的"分析"。并且,自然法学亦认为这种分析构成了我们理解法律的一个非常重要的视角。相反,自然法学所排斥的是作为"立场"的社科法学和法实证主义,亦即排斥对于支撑法律的那些构成我们美好生活的价值的追寻。

在我们通常的理解中,自然法学说的主要目的或者说根本目的,就在于寻找一种"先天的"或"先验的",从而保持其"恒久不变"的那些要素或元素,因而认为"经验性"的事物是次要的,至少在整个自然法学说中被认为是可有可无的。我们只要寻找到那些根本性的自然法则,然后再严格地遵循这些法则来建构实在法,就可以得到一种好的实在法秩序。正如上面所讲的,这种观念是与自然法的"摹本说",或那种"革命式"的自然法观念紧密联系在一起的。

如果我们承认自然法只是一些最基本的元素,它并不能够直接指引我们的行动,并且甚至认为对于这些最基本元素的认识亦依赖于某种经验性性情的养成,那么,在整个自然法学说中,那种经验性的研究,就必然有其位置。只是,社科法学会把这种经验性研究作为他们的最终目的之所在,而自然法学或者说法哲学,会把这种经验性研究所获得之"成果"作为我们据以反思法律背后的那些根本性事物的"材料",并以这些根本性事物作为判准,"重新检讨"这些成果,并对这些成果作出"评价"。

在这个意义上,自然法学/法哲学是超越于经验性法律科学之外的,但又将其容纳在其自身之内,作为我们据以反思的材料。

三、结语

总而言之,在我看来,发生在晚近的社科法学和法教义学之间的争论,就其实质来讲,并不是一种法律理论立场上的分歧,而更是一种看待、理解和研究法律的"视角"上的差异。也就是说,就目前中国法学的发展状况来讲,哪种看待、理解和研究法律的视角/方法将更有助于对我们法学和法律的现实处境作出回应。因此,他们所争论的并不是立场的"对错",而是哪种理论"更有效"。也正是在这个意义上,至少在本人看来,社科法学在对现实处境的判断上要比法教义学更为恰切。我们现在所处的并不是一个法教义学可以大展宏图的时刻,我们还处在一个"前-法教义学的时代",我们仍需要很长一段时间为法教义学的盛行提供前提性的准备,因此法教义学的问题不在于学问本身以及它对于法学这样一门学科本身的重要性不足,而在于它误判了中国目前的现实处境,犯了严重的"时代误置症"。至少就法教义学学者目前对于他们自己的认识来看,他们是一些没有"时代意识"的法律学者。而对于社科法学,尽管他们敏锐地把握到了我们的时代意识,但他们应对时代的方式却是严重失误的。社科法学的支持者和倡导者们多半是一些功利主义者,大多受到美国经济分析法学的影响,尤其是波斯纳(Richard Posner)的影响[1],他们试图完全从社会效果的

---

① 社科法学的倡导者多受到朱苏力的影响。而朱苏力在对波斯纳的引译方面曾不遗余力,他组织并身体力行地翻译了一套"波斯纳文集",对于波斯纳在中国的继受做出了极大的贡献。

角度来看待、理解和塑造法律,这是严重背离法律本身的性质的。它们在最终意义上不但无法真正看到,而且在根本意义上丧失了对于我们自身之生活以及对于法律的伦理-形而上学的理解。

2016 年 6 月

自然法的古今之变[*]

从当代西方法学的整体谱系看,自然法被看成是其中一个支脉。然而,从 18 世纪之前的西方法学看,自然法却是法学的全部。甚至我们可以说,在这之前,有关道德、政治和法律的主流学说以及有关它们的重要思考都是在"自然法"这一名称之下进行的。这一现象在现代早期尤为明显。此时,人们刚刚摆脱一种神学的探究路径,而试图在完全属人的领域中重塑道德、政治和法律领域的基本原则。由此,人们便开始在"自然"这一名义之下去寻找和阐释这些基本原则。因此,我们从这一时期的大部分作品的构思以及从它们的名称中——诸如普芬道夫的《自然法与万民法》、沃尔夫的《自然法与万民法纲要》、托马修斯的《自然法与万民法纲要》等等——都可以看到这样一种宏大的囊括所有实践哲学领域(道德、政治与法律)的一般性思考。

这些思考不仅开启了之后启蒙运动的先河,也奠定了后来西方道德、政治和法学的基本价值认同。如果没

第一篇　自然法

---

[*] 本文为笔者为《自然法:古今之变》(《法哲学与政治哲学评论》第 3 辑,华东师范大学出版社 2018 年版)一书撰写的卷首语。

19

有这一时期的"价值奠基"活动,我们很难想象会有后来的法律实证主义的兴起,更无法想象当代法律实证主义与自然法的争论为什么会集中在"法律与道德""恶法非法"这样的问题上,而不是现代之前的自然法所关注的其他一些更根本性的问题。本辑的主题"自然法:古今之变"所聚焦的就是这个时期。从中我们可以看到几个核心人物——奥卡姆、格劳秀斯、莱布尼茨、托马修斯——对于道德、政治和法律的一般性思考。

奥卡姆不仅因为他的"奥卡姆剃刀"而享誉哲学圈,更是因为他在中世纪晚期政治和道德领域中的卓越贡献,而被誉为现代转折时期的一位关键性人物。法国法学家维莱(Michael Villey)就把他看成是现代自然权利观念的开启者。这一观念与意志论无疑具有千丝万缕的联系,奥克利一文便旨在追溯奥卡姆与自然法传统中的意志论学说之间的关联。如果说意志论传统是后来的自然权利理论乃至再后来的法律实证主义理论——前者以个人的意志为基础,后者则以主权者的意志为基础——的思想基础的话,那么,追溯这一传统的来龙去脉并对其中起关键性作用的人物做聚焦式的研究无疑具有很大的意义。

塔克和哈孔森的两篇文章都聚焦于格劳秀斯这位在我们之前的教科书中一直被誉为"现代自然法之父"的

思想家。尽管在历史上的某段时间,人们对于格劳秀斯的评价并不高,或是认为他的体系存在诸多不一致和相互矛盾的地方,或是认为他的思想缺乏足够的和严谨的哲学基础,因此缺乏吸引力。因此,在很长一段时间内,他只是被作为"现代国际法之父"而被人们所传颂,但是在一般性的政治和道德思考中,格劳秀斯则被完全排除在经典思想家行列之外。然而,晚近的研究以及晚近世界的整体局势的变化在很大程度上改变了人们对于格劳秀斯的基本看法。我们越来越多地看到,格劳秀斯又重新进入我们视野的核心位置,甚至逐渐被拉回到核心思想家行列。①

就康德之前的德国法哲学来讲,其论争主要是围绕着两个自然法学派而展开的。一个就是莱布尼茨-沃尔夫学派,另一个就是托马修斯学派。对于莱布尼茨和沃尔夫我们可能都不陌生,他们是我们介绍康德哲学的一个必备的背景。所以我们通常也是在独断论这一基本标签之下来理解他们的哲学的。但是莱布尼茨和沃尔夫同

---

① 参见由戴维·鲍彻(David Boucher)和保罗·凯利(Paul Kelly)合编的《政治思想家:从苏格拉底到当代》(*Political Thinkers: From Socrates to the Present*, Oxford University Press, 2017)。在2017年最新出版的第三版中,两位编者增加了"格劳秀斯"一章,并指出:"格劳秀斯在将国际关系置于法治之下作出了一种体系性的努力。随着人们对于围绕正义战争问题的兴趣的不断的提升,我们在第三版中第一次将格劳秀斯纳入进来。"(第3页)

时也是当时最重要的自然法学家。莱布尼茨生前著有不少自然法作品,尤其是他关于国际秩序的学说,不仅影响到了沃尔夫,也影响到了后来的康德;沃尔夫更是在他宏大的《自然法》一书中以条分缕析式的方式构造出了庞大的自然法体系,他的"大社会"观念更是对后来的国际法产生了深刻的影响,并且对于我们现在的国际秩序仍具有深远的借鉴意义。相比于莱布尼茨和沃尔夫在国内学界的知名度,托马修斯(Thomasius)可以说几乎不为国人所知晓,乃至有人甚至可能会因为这个名字的发音而将他与托马斯·阿奎那(Thomas Aquinas)混淆在一起。但是,正如巴纳德一文开头所指出的那样,托马修斯在德国,尤其是在当时的莱辛、歌德、席勒的眼中,是新黎明的预言者,是德国启蒙运动的"精神教父"。因此,本辑特意选译了巴纳德的这篇文章,以便让我们看到托马修斯在何种意义上值得被如此称谓。

自然法在18世纪前西方整个的道德、政治和法律领域中所占据的那种主导地位在18、19世纪之后遭到了根本性的颠覆。其中有来自各个不同领域和各个不同方面的批判,诸如哲学上的历史主义和康德主义,法学上的实证主义和现实主义,等等。本辑收录了两篇基于法律现实主义立场而对自然法发起攻击的文章。另外则是索伯撰写的一篇在当代英美法理学语境下有关自然法中的一些困扰人的问题的考察。

最后,本辑还特意整理了创办于 20 世纪 50 年代的西方唯——份专门致力于自然法研究的杂志《自然法论坛》的目录。从中,我们或可看到在 20 世纪二三十年代开始兴起的自然法研究的总体面貌。

第一篇　自然法

阿奎那思想中的法律四要素
——理性、共同善、权威与颁布

阿奎那有关法律本质或法律基本要素的理解是其法律哲学的核心。无论从哪个角度来讲,他的这个讨论都是极为重要的,不仅对他自己的学说来讲如此,就其对后世的影响亦如此。包括在当代法理学的讨论中,我们可以看到理性、权威、共同善、颁布(清晰性、可为人所知晓)这样一些要素在有关法律的理解中的位置,尤其是在像富勒(Lon Fuller)、菲尼斯(John Finnis)以及更晚近的墨菲(Mark Murphy)这样一些自然法学家那里,对于这些要素的讨论占据了他们有关法律的理解的核心。下面的讨论主要试图从亚里士多德的四因说(theory of causa)出发来对之进行解读。

阿奎那有关法的一个非常重要的论断就是他所提出的有关法的界定,或者说,他所认为的法的概念:什么是法?哪些东西构成了法的基础要素?他在《论法》的一开头(《神学大全》I-II, 90)就提出了所谓的"法的本质"(the essence of law)的问题,他把这个问题拆分成四个分论题:(1)法是否是某种属于理性的东西?(2)法是否指向共同善?(3)是否任何一个人的理性都可以制定法？(4)颁布对法来讲是否是根本性的？阿奎那通过对这四个问题的回答认为:理性、共同善、公共权威(政治权威)与颁布构成了法的本质,亦即它们是法之所以为法的基本条件,没有它们,法就不能被称为真正意义上的法。由此,法也就被他定义为:由对(d)共同体负有照管责任的人所制定并(c)颁布的致力于(b)共同善的(a)理性的指令。

在这里,有人试图用亚里士多德的四因说来解释阿奎那所提出的法的四要素。当然,这样一种解读方式,的确可以帮助我们更好地理解法的四要素(下面我的说明也是立基于此)。但是即便如此,在这里我们可能还是需要注意以下两点,以便在进行如此解读的时候做点保留:第一,就阿奎那本人来讲,在他自己的文本中,并没有用亚里士多德的四因说来解释这四个要素。他自己只是在讨论第三个要素(公共权威,亦即制定者)的时候,用了"causa"(原因)这个概念,也就是说,他只是在法的制定者这个问题上谈到了"原因"。而至于理性、颁布、共同善,阿奎那并没有直接用四因说来进行解释,因此,用四因说来解释法的四要素是否妥当,是值得注意的。第二,再进一步,阿奎那借用亚里士多德的四因说主要是用来解释存在链条中的各类存在者(beings),包括上帝、天使(完全的理性存在者)、人(有限的理性存在者)、动物、植物、非生物,其根本的要义在于解释各类存在者的"构成"及其"变化"(motion),而就法(lex)这个东西来讲,它只是一种规则和尺度(measure and rule),亦即规范"人类行动"的规则和尺度。因此,用四因来解释法从某种意义上讲是不充分的,甚至可能是不恰当的,比如就"颁布"这个要素来讲,我们把它理解为法的质料因就存在比较难理解的地方。所以包括阿奎那本人在内,以及后来的苏亚雷斯(Francisco Suárez)和当代的菲尼斯,在解读阿奎那这个片段的时候,并没有使用四因说。但是即便如此,就阿奎那对于世间万物的基本理解来讲,我们用这四个原因来解读阿奎那有关法的四要素的理解,仍是有助益的。所以,我们不妨也来做这样一种尝试,或许可以给我们呈现一个更清晰的有关法的概念的理解。

第一个要素就是理性。当然,阿奎那将之放在第一条予以讨论也说明理性要素的重要性。也就是说,理性是法最核心的要素,是使法成为法而不是其他规范——比如纯粹的命令或指令——的根本要点之所在。在这里,理性就是法的形式因,是赋予法以根本要义的东西,说得更具体一点就是:它赋予统治者所制定和颁布的那些东西以某种合乎理性的形式,它通过赋予理性,或者说通过统治者对于其自身之(实践)理性的使用,而使得他们所制定和颁布的东西合乎理性(reasonable),从而使这些东西变成为真正配得上"法"（lex）的东西。在这里，尤其需要注意的一点是，阿奎那之所以提出和讨论这个问题，其根本目的在于驳斥另一种有关法律的基本理解，亦即认为法律是一种属于意志的东西。这是一个古老的话题，也是往后自然法与法律实证主义之争最根本的争点之所在。如果说法律属于理性，那么法律就不是任意为之的，它是理性秩序的体现与反映；而如果说法律是一种属于意志的东西，那么法律的基础就不在于"自然"，而在于将它创造出来的那个主体——就自然法来讲，它的基础就是上帝意志，而就人法来讲，它的基础就是统治者意志。由此，法便会变成一种被设定的东西（posited），而不是自然而然的东西（nature）。在这个意义上，理性与意志的争论构成了有关法律本性争论的最核心的领域。在这里，我们也可以看到，阿奎那的学说代表了自然法最基本的主张，那就是法（lex）是一种属于理性的东西，或者说，法是自然的，而不是人为的（made）。

第二个要素是共同善。也就是说，那些由某个政治权威所颁布的法律，其目的必须是着眼于该政治体的共同善，而不能是拥有政治权威的团体或个人自己的利益，这是法的目的因。它规定了法律要成为一种真正的法律或菲尼斯所谓的"核心意义上的法律"所必须要服务的目的。也就是说，它必须着眼于政治共同体的共同善

(common good)，而不是某个个人或某个团体的私人善（private good）。

第三个要素是政治权威或公共权威。也就是说，法律必须是由一个对某个政治体负有治理（照管）责任的团体或个人所制定和颁布的。我们也可以把这个要素看成是法的动力因。

第四个要素是颁布。也就是说，法律必须清晰，必须能够为人所理解，即它必须公示出来，隐秘的法律不能算是法律。这是法的质料因。

所谓的法的这四个要素，构成了法之为法的根本，或者用菲尼斯的说法来讲，它们是核心意义上的法律（或"法律的核心情形"）——"好的"或"完备的"法律——的基本构成要素，任何缺乏这四个要素或没有达到这四个要素的要求的那些法律都是"有缺陷的法律"（defective law）。我们可以用下面这个图示来表示阿奎那所勾勒出来的法的四个基本要素：

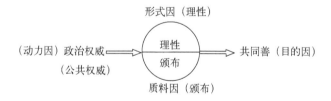

从这个图示中我们可以看到，就边沁-奥斯丁式的法

律实证主义来讲,其所强调的是这里的动力因(政治权威),而就富勒来讲,其所强调的是这里的质料因和形式因,亦即由颁布而显现出来的对于法律的公开性、明晰性、确定性的强调以及由理性所显现出来的对于法律的一般性、稳定性的强调。但是值得注意的是,这里的理性除了要求法律要符合某些形式的或程序的要求之外,还会对之提出某些实质性的要求。因此,从这里我们也可以看到,阿奎那法律学说是有着一个更为包容性的框架的。就一种可能的解释来讲,是可以构造出一种超越现代法律实证主义和现代自然法的某些固有争论的阿奎那式法哲学的。当然,在这个方向上,菲尼斯已作出了有益的尝试,也正是在这个意义上,或许我们也可以在这个框架之下来综合性地理解菲尼斯有关权威、共同善、法治、实践合理性(practical reasonableness)这几个议题的论述。

菲尼斯印象

一、引子

对我的学术生涯来讲,2018 年或许是一个不一般的年份。在国家留学基金管理委员会的资助下,我踏上了远赴英伦的访学之路,目的地就是 20 世纪英美法哲学的重镇——牛津大学。本次访学的主要目的是专研自然法,尤其是我所造访的约翰·菲尼斯的自然法学说。菲尼斯作为 20 世纪最重要的自然法学家之一,同时作为仍在世的几位其学说已被纳入法理学教科书的法哲学家,能有幸与他交往,有缘在他的引导下专研学问,或许是我学术生涯中最难忘的一段经历。

二、我们的交往

在我抵达牛津之后的第二周,我们便约好在牛津大学大学学院(University College)见面。大学学院始建于 1249 年,是牛津大学最古老的一个学院。菲尼斯的导师,也是 20 世纪另一位重要的法哲学家哈特(H. L. Hart)曾经也在这个学院。我们约好中午 12 点半见面。

作者与菲尼斯在大学学院

我提前 15 分钟就到了学院的传达室。过了一会儿,一位身着风衣、打着领带的老者,从门口进来,见到我,一看是亚洲人面孔,便马上认了出来。打过招呼之后,菲尼斯便带着我进到他们的 Hall,也就是他们的学院食堂。与中国大学的食堂不同,他们的食堂保持了传统的素朴,三张长排的桌子,学生们就围坐在那里吃饭。菲尼斯带我上了二楼,大概这是专门安排给学院老师的。午餐是自助的,简单且朴素,一份米饭、一份蔬菜还有一份沙拉。我们边吃边聊,谈到康德,谈到阿奎那,谈到了他的几部作品,包括我接下来准备翻译的《阿奎那》和《伦理学原理》。他说,他那时还因为太过集中地撰写《伦理学原理》而大病了一场。所有的谈话都极为简单和轻松。饭后，菲尼斯带我参观了大学学院的各个角落，尤其是著名的雪莱纪念堂以及每个学院各自独有的教堂（chapel），菲尼斯还非常骄傲地说他的三个女儿就是在这个教堂办的婚礼。在临走之前，我们约好以后每周三早上见面，而见面地点就是他位于 Cunliffe Close 47 号的家。自此，周三早上便成了我在牛津一年万不敢安排其他活动的时间。

与在大学学院的闲聊不同，他的家几乎成了我大学毕业之后的另一个"学堂"，而且是一对一的学堂。录音笔、记着问题的笔记本，以及他的六七部作品，是我每次去他家都需要带上的。围坐在那张四方桌两边，我们所讨论的主要话题，除了我在翻译他的作品时不确定的术语以及不太理解的地方之外，主要就是我在阅读阿奎那及其相关研究著作时碰到的疑问，包括各种术语的界定和澄清，某些框架性的结构，以及某些背景性的知识。诸如对"prudentia"（"明智"，菲尼斯也将之译为"practical reasonableness"［实践合理性］）和"habitus"（"习性"，这是理解德性概念的关键）的理解，对"ratio"（理性）与"intellectus"（理智/知性）的界分，阿奎那思想中"ratio"（理性）与"voluntus"（意志）的关系，等等。菲尼斯都一一给我作了详尽的解释，并且还特别指出，理性与意志的关系

菲尼斯家书房一角

是他处理人类自由选择的关键,在《阿奎那》一书中梳理出来的那张表格一定要反复研读,这个对于理解他的道德理论的基础是极为重要的。

此外,同样重要的是另外两个概念,"understanding"(理解)与"insight"(洞见)。这是我之前阅读菲尼斯的作品时远没有注意到的。我们经常说菲尼斯的自然法以七种基本善为基础,而且这七种基本善都被看成是"自明的",似乎他的自然法就是这样一种凭借直观而获得的道德真理一样。但事实远非如此,首先,基本善到底是七种还是八种,这并不重要,重要的是这些基本善所构成的"人类完善"(perfection)。因此,重要的不是七种还是八种,而是那个更为基础的"完善"的概念。其次,对于这些基本善的认识,并不是一蹴而就的,"洞见"不是"直观","洞见"需要凭借感觉所提供的"素材"(data),另

朗尼根的主要著作《洞见:人类理解力研究》

外,更为重要的是洞见是一个不断累积的过程。它是在不断对感性素材进行处理,且在原先洞见的基础之上不断获得新洞见的过程。人类正是凭借这样一种不断推进的理解来认识基本善的。菲尼斯的这所有一套有关自然法的认识论的东西,都建立在朗尼根①哲学的基础之上。从更广的角度来讲,就是建立在托马斯主义有关人类理解力(intellectus)的理论的基础之上。在这里,"理解"并不如在康德以及现代早期诸多思想家那里那么单薄(当然,这与他们探讨的问题相关,因为他们关心的是知识如何可能,而不是知识是如何获得的),而是一个不断对事物予以把握,并以之前的把握为基础来进一步推进理解的一

---

① 朗尼根(Bernard Lonergan,1904—1984)被西方很多人认为是 20 世纪最重要的哲学家之一。他是先验派托马斯主义的杰出代表,在国内学界一直受忽视,其巨著《洞见:人类理解力研究》堪称一部杰作。他的著述丰厚,多伦多大学正在整理出版他的 25 卷本著作集。

个过程。

　　总而言之，菲尼斯对所有这些问题的解答、错误的纠正，以及未被我注意到的重要东西的提醒都让我明显感觉到自己学问的进步。下面，我就主要从他为学的特征和方式，谈一下我的几点感想，愿与对他感兴趣的读者一起分享。

三、思想传统

　　沃尔德伦（Jeremy Waldron，现为纽约大学法学院教授，德沃金最得意的弟子）在一篇名为《法哲学与政治哲学》的文章中曾抱怨过牛津法哲学的封闭，批评它对于思想传统的漠视（该文刊载于《牛津法理学与法哲学手册》）。或许，在沃尔德伦所抱怨的这群人中，菲尼斯是一个例外，而且是一个绝对的例外。菲尼斯不仅将其思想扎根于传统，而且将这个思想传统重新挖掘出来，使之焕发新的活力。他对于阿奎那的评价极其之高，他认为阿奎那的道德、政治和法律理论，相比于马基雅维里、霍布斯和康德等一大批现代思想家来讲，都要高明。他就是以阿奎那为思想导师的，他的《阿奎那》一书，既是他对于阿奎那的研究，也是他自己思想的体现。在我们的谈话中，可以非常明显地感受到他对于阿奎那文本的精熟，以及对于阿奎那思想的圆融的理解。

这种精熟在于他对文本的精细研读,据他自己说,《阿奎那》一书是他在读了阿奎那几乎所有著作的基础之上撰写完成的,后来一直作为他在圣母大学开设的"阿奎那的社会、政治与法律思想"课程的教材。同时,菲尼斯一生的同道——杰曼·格里塞茨(Germain Grisez, 1929—2018,与菲尼斯一起被视为新自然法学派[New Natural Law School]的奠基者,所以该学派也被称为"格里塞茨-菲尼斯学派")——对菲尼斯的拉丁语水平一直赞不绝口,认为菲尼斯对于阿奎那的这种精细的考究是他自己和其他几个人远不能及的。而另一方面,菲尼斯的这种精细的研读并不只是"字面上的"考究,而是试图挖掘阿奎那的思想,将之放置在现代语境中,并与现代其他学说进行辩论。由此我们也可以看到他对道德上的功利主义和康德主义、政治上的自由主义以及法律上的实证主义的批驳。因此,他所阅读的阿奎那不是一个潜藏在历史深处的阿奎那,而是生活在 20 世纪的阿奎那。记得有一次我把阅读麦金纳尼(Ralph McInerny, 1929—2010,当代托马斯主义代表人物之一,美国马里旦研究中心前主任,以阿奎那和马里旦研究著称;他与格里塞茨、菲尼斯的交锋,被看成是托马斯主义自然法与新自然法理论的一场较量)的《阿奎那论类比》一书中的一段有疑问的话给他看的时候,他笑了笑,认为麦金纳尼在那个地

解答问题中的菲尼斯

方没有理解到点子上。在他看来,阿奎那的文本是有一
个基本语境的,他撰写的文字总是面对特定的人来讲的。
所以,我们除了考察这些字句之外,更为重要的一点还在
于,我们需要考察他的这些论证是否讲得通,是否是正确
的。从菲尼斯的这席话中,我们可以明显地感受到,阿奎
那的确是被他做"活"了,他是将阿奎那带到当代法哲
学、政治哲学和道德哲学的具体语境中来了。或许,正是
这种"字斟句酌的研读""批判性的考察"及"当代语境的
转换"的绝妙结合,造就了菲尼斯的学问。

四、严谨、清晰、分析

　　菲尼斯是一个在分析哲学传统中长大的学者。因
此,无论是他的文字,还是他的思路,都极具分析风格。

也正是这个缘故,再加上他的思想的古典根源,使得他的很多作品都不大好读,将之准确且流畅地翻译成中文就显得更难了。在一次与张美露(Ruth Chang,牛津大学新任法理学讲座教授,该讲席之前分别由哈特、德沃金和加德纳担任)的谈话中,我谈到中文世界对于拉兹(Joseph Raz,菲尼斯的同门,年长菲尼斯一岁,是哈特之后最重要的分析法学家)和菲尼斯两人作品的糟糕翻译,她说他们两人的作品是不大好读,不仅是你们,就连英语世界也有不少人读不懂。她说他们两人都把问题思考到极精细处了。我曾经问过菲尼斯他对分析哲学传统的看法,问他是否把他自己看成是这个传统的一分子。他不假思索地说"当然"。不过,他马上又补充说,在他看来,分析哲学只是一种"哲学风格"。他的理论是整全性的,是对那些通过清晰的分析而被牢牢奠立下来的论证的一种整合。他有他的形而上学和认识论,更有道德哲学、社会哲学、政治哲学和法哲学。目前他正在撰写有关自然哲学和宗教启示的著作,试图形成一个更完整的理论体系。

也正是这种理论风格,决定了菲尼斯对其他一些思想家和哲学家的看法。在评价他人的时候,他经常挂在嘴边的一个词就是"confused"(混乱不清)。比如对于沃格林(Eric Voegelin,德裔美国政治哲学家,凯尔森的弟子,后与凯尔森的学说分道扬镳),他说他在撰写《自然法与自然权利》(*Natural Law and Natural Rights*)的时候曾经系统阅读过沃格林,他也有整套的《沃格林全集》,阅读沃格林给了他很多灵感和启发,不过,沃格林的思想就是太"confused"。

我之前在阅读约翰·加德纳(John Gardner,拉兹的弟子,2000年接任德沃金卸下的牛津大学法理学讲席教授一职,于2016年卸任,主要学术贡献在于刑法哲学)的《作为信仰的法律》(*Law as a Leap of Faith*)一书时,曾看到作者对于哲学的基本看法,他认为哲学的主要工作就是将思考的对象逐个地打散,从而获得一个个的理解。我觉得这是眼下很多分析哲学家的特点,分析的确可以给我们带来对事物的清晰的理解和认识,但如果我们不将之放置在一个更大的框架中予以综合性的把握和融贯的理解,我们很容易会陷入只见树木不见森林的状况。我一直赞同赫斯勒(Vittorio Hösle,1960—,德国当代哲学家,美国圣母大学哲学系教授,代表作为《道德与政治》)这个黑格尔主义者对哲学的一个基本看法,那就是,哲学是对世界的一种"融贯"的理解。人就他的理智能力的基本面向来看,其本身就兼具这两个方面的能力:一方面是区隔与界分(distinguish),而另一方面则是统合(synthesis)。人正是通过这两方面能力的精妙结合来把握和理解世界的。任何一方面的缺乏,都会让我们对世界的理解变得有问题。分析可以帮助我们看清不同事物之间的不同之处,从而对不同事物作出不同的回应,而综合则可以帮助我们理解不同事物之间的相同之处,以及让我们明白表面上看起来没有联系的事物之间的关联之处。因此,任何一种致力于分析的哲学,综合和融贯的维度是不能缺少的。这也让我想起菲尼斯在几次谈到拉兹时对他的批评。他说拉兹的观点相互之间经常是"inconsistent"(不连贯的),因为拉兹经常是"invent a position then criticized it"(建构一个立场,然后批判它),这样的批判其实是比较简单的,但这往往会造成自身立场的飘忽不定。他说拉兹没有以仔细地(carefully)研读他人的立场作为出发点(不管是作为靶子,还是作为自己的立足点),因此,拉兹自己的立场也经常会变来变去,这正是目前分析哲学中一个比较突出的问题。

　　这样一位在牛津分析哲学氛围中长大的人,能够兼容这两个不同的哲学传统,其根本的运思方式就在于,他是在立足一个特定的思想传统(托马斯主义)的基础之上来展现分析的清晰性的,从而既避免了分析的琐碎,又能够在一个大的思想框架中在清除不融贯的东西的前提下保持该框架的基本结构,从而达到对事物的整全性的理解。菲尼斯的这一风格以及他特定的哲学立场与哈特、德沃金、拉兹共同形成了闻名于世的牛津法哲学圈

（哈特的包容性法实证主义、拉兹的排他性法实证主义、菲尼斯的以阿奎那为基础的自然法学、德沃金的多少有点康德派风格的法哲学）。80年代他们几个都还在牛津的时候，应该说是牛津法哲学的鼎盛期。据菲尼斯的回忆，那个时候他们每周都会在哈特的召集下聚集到奥诺尔（Tony Honore，1921—2019，牛津大学法学教授，在财产和罗马法方面有较高造诣，前段时间刚刚过世）的家中来讨论问题。正是这样的氛围，造就了牛津法哲学的辉煌，从中我们也可以看到，为什么一流的思想家和一流的学者都是一拨拨出现的，因为如此多聪明的脑袋自然更容易将思想推进到更深处。

五、人物品评

我们经常说，"牛人"总是有股傲气的，菲尼斯也不例外。他性格内敛、沉稳，没有多余的话，总感觉他时刻处在思考之中。有时，他甚至表现得极为谦逊。在一次我问及古希腊的德性观念与基督教的德性观念是否有某些差异的时候，他考虑了许久，摇了摇头说没有研究。但多数时候，他的自信和傲气是显露无遗的。在我问及晚近自然法研究还有谁值得关注时，他并无作答；而在问及他对眼下法国法哲学的看法时，他考虑了一下，说法国法哲学有点"弱";而在说到德国法哲学时,他只是冒出了一个带有疑问的名字"Alexy?"(阿列克西,当代德国著名法哲学家,著有《法概念与法效力》,提倡一种非实证主义的立场,晚近几年菲尼斯与阿列克西有过几次交锋)。他与他那个年代的其他几位法哲学家——不管是哈特、德沃金还是拉兹——一样,都没有把他们的视野局限在纯法学领域。在菲尼斯看来,法哲学不可能是一个独立的领域,相反,它是政治哲学的一部分,而政治哲学又是道德哲学的一部分,这是一个极其传统的亚里士多德的立场。因此,对于很多历史上的法学家,菲尼斯似乎都看不上眼。说到庞德(Roscoe Pound,美国著名法理学家,社会学法理学的代表人物)时,他说他曾经读过他的五卷本《法理学》,但并没有什么收获。而当我问到布莱克斯通(Blackstone,英国历史上一位重要的法学家,著有《英国法释义》)重不重要的时候,因为他在年轻时写过一篇有关布莱克斯通的文章,他摇了摇头,说:"He is only a lawyer!"("他只是一名法学家!")这样的回答着实让我吃了一惊。当然,菲尼斯对很多人的评价还是很肯定的,比如在一次提到安东尼·肯尼(Antony Kenny)这位牛津同事,也是当代分析托马斯主义的领军人物的时候,他说他跟肯尼的关系非常之好,尽管他并不认同肯尼的一些哲学分析,但却极力赞赏他的博学,建议我可以去读读他有

法哲学的视界

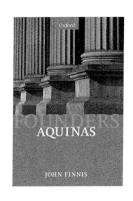

《阿奎那：道德、政治与法律理论》
（牛津大学出版社 1998 年版）

关哲学史方面的著述。另外，他也谈到了牛津的另一位哲学家科林伍德（R. G. Collingwood，英国哲学家、历史学家和考古学家，著有《历史的观念》），对于这位在中国只被作为历史哲学家看待的思想家，菲尼斯似乎给予了特别的溢美之词。他说他是一位"独立的哲学家"，而不像外界所认为的那样是一位单纯的"观念论者"。并且，他还说，哈特早年上过科林伍德的课，可能也受到过他的哲学思想的影响。并且，科林伍德还是一位判断力极为敏锐的考古学家，当时在罗马不列颠的考古上，他就准确判断了一些古城墙的方位。

六、附言

与菲尼斯的交往，对我自己来讲是一段弥足珍贵的经历,尽管没有导师之名,却已有导师之实。在一次开玩笑中,我说我是否可以算你的一位学生,他说:"of course!"("当然!")自从2009年接触菲尼斯的作品开始,我对于他的阅读和研究就从来没有中断过。在完成康德法哲学的博士论文之后,我便把更多的精力投入到了对菲尼斯及其学派的翻译、理解和研究之上。在我看来,学者对于以下两件事情是必须要分清楚的,一个是他研究的对象,另一个是他认为那个能够作为他自己的立场的东西。对我来讲,对于康德的研究,在很大程度上是因为他的重要,无论是在理论哲学上,还是在道德哲学上,康德的立场都是一个不可回避的典范性的立场。尽管在有关他的法哲学的研究中,我在试图极力建构一个更能说服人的、在总体上更融贯的"康德",但对于他的道德哲学,我仍然没有深入其中予以重构的冲动。诸如德性(virtue)、好的东西(goods)、欲望(desires)、恶习(vice)、情感(passions)、历史、生成、实践理解力(practical understanding)等等这样一些对我们的道德生活来讲是根本性的东西,在康德框架中的处理都并不令人感到满意。尽管我相信康德在一些根本性原则的处理上是正确的,但对于上述这些事物,他的理论还是显得有点无力。也正是在这一方面,进一步促成了这几年我的研究和思考向亚里士多德-托马斯主义传统的转移。而菲尼斯及其学派的学说则是这一转向的第一步。笔者正在陆陆续续地撰写研究菲尼斯学派的专著《自然法与实践理性》，以及旨在理清托马斯主义学说中的一些关键术语的《自然法札记》。当然，学术思考是一个不断反省、不断修正、不断推进的过程，希望自己尽快地把这两部作品完成，以便与大家一起分享。

2019 年 3 月于牛津

为什么要读菲尼斯?

——菲尼斯中国之行偶感

一

2019年10月24日,在克服了签证等诸多不确定因素之后,菲尼斯教授终于第一次来到了中国。他的这次中国之行,应该说是来去匆匆:24日抵京,25日参观利玛窦墓和长城,26日作一场一个小时的演讲,27日便踏上了回国的旅途。短短四天,对于很多对菲尼斯有所研究或对他的理论感兴趣的中国学者来讲,在听说他来中国还没回过神来的时候就听说他要回去了。此次会议的"秘密"举行不免让人多少感到有些遗憾。在中国,曾以菲尼斯的理论为主题做过专题性研究(硕博士论文)而且目前仍活跃在学术圈的青年学者,就我所知就不下十人,对他的理论有所了解并深感兴趣的学人就更多了,他们不仅来自法学院,还来自哲学系和政治学系。对于世界法理学圈如此重量级的学者(从某种意义上来讲是仍在世的两位其理论在法理学教科书中仍被大量讨论的法理学家之一,另一位是他的同门师兄弟且与他有巨大立场分歧的拉兹),此次会议没有安排一个菲尼斯理论的讨论专场,让对他有所研究或对他有所批评的中国学者与菲尼斯有个面对面的对谈和交流的机会,实在是有些让人感到遗憾和可惜。对于年近八旬的一位老人,也真不知道这是否可能是他最后一次来中国。

但是即便有如此多的遗憾,他的这次中国之行还是引起了多方不同的反响。当然,这些反响既有仰慕的,也有质疑的。有人将他的这次中国之行比拟于十多年前的德沃金之行,但却认为他的这次中国之行没有引发什么反响,也有些人开始质疑他的理论的薄弱,认为他的理论没有德沃金和拉兹的那么"强"。当然,"影响"的大小和引发的"关注度"一方面取决于理论本身在它被宣讲的这个地方的接受程度和契合程度以及该地方整个的学术环境,而另一方面也取决于某种有意识的"炒作"。当然,这两方面的东西对菲尼斯来讲都是没有的。他的这次旅行实在是太秘密太短暂了,没有片刻闲暇让我们去静心聆听他的声音。而且更为现实的是,在这个越来越强调法理研究的现实效用的学术圈内,我们在十多年前所看到的西方法哲学研究的景象已完全消失不见了。那个时候,在学习法理学的学生中,最优秀的一批学生往往都被吸引去研究西方法哲学,人们都以能谈论那些"大人物"为荣,以对他们的无知为羞,而眼下,我们盛行的是各种所谓的对策式的或应景式的研究,哪儿"热"就往哪儿凑。另一方面,国内学人对于自然法的兴趣以及它在现行学术圈内的接受度远没有达到一个可让之流行起来的程度,甚至我们可以这么说,中国的自然法研究才刚刚起步,真正投入这方面研究的学人寥寥无几,多半是出于一时兴起,写一篇或几篇文章之后就转到其他领域去了。并且,无论是从译介进来的作品,还是本土生产出来的研究作品来看,自然法研究都还处于一个相对比较低的层次上。

当然,撇开在这个喧嚣的时代重视"影响""关注度"和"炒作"等所有这些与学术本身真正的品质无关的东西,我们或许可能还会有这样的疑问:菲尼斯真值得好好阅读吗?他真值得我们去关注吗?他的理论真有哪些地方是有趣的吗?或者像国内某些英美法哲学研究者所质疑的那样,他的政治哲学、法哲学和道德哲学真不如德沃金和拉兹那么"强"吗?在我看来,绝不是这样的。

首先,就一名学者的学术贡献来讲,菲尼斯所做的工作绝不亚于他的任何一位牛津同事,不管是哈特,还是德沃金或拉兹。他与他的另两位同道(格里塞茨和波义尔[Jeseph Boyle])共同开启了一个新的学派(新自然法学派),成为法学、哲学和神学在论及自然法时都不得不去面对的一种立场。他所推动的自然法研究与哈特通过《法律的概念》所推动的法律实证主义研究形成并驾齐驱之势,对于未来自然法理论的发展,他是一位绕不开的人物。人们在谈论自然法的最新发展时,就像法律实证主义者谈论"后哈特时代"一样,也必将讨论一个"后菲尼斯时代"①。

其次,就菲尼斯对于自然法理论本身的贡献来讲,可以说,他是在分析哲学圈的内部复兴了托马斯主义的自然法传统,用分析哲学的风格使自然法理论成为一套在英美法理学中现实可选的立场,而不是一种被抛入历史故纸堆中的可有可无的历史性研究。他在他的诸多著作中,通过批判传统自然法理论的诸多缺陷,重塑了对自然法的某种新的理解,有效地回击了法律实证主义的批评,他的自然法理论比我们所熟知的富勒②的理论要更为厚实,更为广泛。他在阿奎那哲学传统内工作,赋予了它在新时代新的生命和活力,从某种意义上来说,他是 20 世纪后半叶最重要和最有影响力的自然法学家(至少我们

① 参见 Jonathan Crowe, "Natural Law beyond Finnis", *Jurisprudence*, 2011, 2 (2), pp. 293-308。克劳在这篇文章中如此评价菲尼斯及其学派在自然法研究方面所产生的影响:"无疑,菲尼斯和其他自然法学家(诸如格里塞茨和波义尔)的著作对当代自然法思想产生了极其重要的影响,晚近自然法视角的勃兴在根本意义上即源自这几位著者。"

② 郎·富勒(Lon Fuller,1902—1973)1964 年出版的《法律的道德》(*The Morality of Law*)一书被看成是那个时代经典的自然法著作,因其倡导一种程序性的法律道德观,有人也把他的理论称为"程序自然法理论",以区别于之前所有的那些"实体性"的自然法理论。但是,从整个自然法传统或整个自然法体系的角度看,富勒只不过是在一个非常狭小的范围之内工作,亦即在自然法法理学的某个部分工作,而对于自然法的政治学和伦理学,他几乎很少触及,在这方面,无论就其思想还是就其论述来讲,都是极其单薄的。也正是在这个意义上,我们可以看到,他所激发的法理学的研究也仅限于后来的法律形式主义,而并没有推动和燃起人们对于自然法的重新关注和思考。

尚无法找出另外一个人），他的作品在未来很长一段时间内仍将启发着研究自然法的任何一位学者。

当然，就我个人来讲，一位值得阅读的人物，不仅在于他的影响力，更在于其作品本身的品质以及他在整个思想脉络中的接续性。当然，菲尼斯不是一位原创性的哲学家，这源于法学理论本身的性质。与哈特、德沃金和拉兹一样，他们都是某个思想传统内杰出的学者，尽管就法律理论来讲，他们是不可绕开的人物，但就整个思想传统来讲，他们只是这些传统孕育出来的优秀学者而已，这与康德、阿奎那、亚里士多德、休谟、霍布斯、洛克、边沁这样一些开启某个思想传统或成为某种路向之典范的经典思想家有所不同。在这个意义上，我们阅读菲尼斯，更重要的是我们同时也是在阅读托马斯主义传统，一种托马斯路向的道德、政治和法律哲学。在这个意义上，我们说，由菲尼斯所重新阐发的托马斯主义自然法传统内的一些核心论题——比如共同善、国家的工具性、实践智慧、辅助性原则、人的优先性等等——对于当今世界的道德、政治和法律哲学是有着某种不可忽视的现实意义的。而且，更重要的是，基于这样一个传统的接续性，我们完全有可能在他所阐发的这套理论的基础上来推进对于这些论题的进一步思考。也正是在这个意义上，他的

理论比德沃金、拉兹的理论要更为系统,更为深厚,更
有推进之可能,因此也更为"有趣"。

二

在我看来,菲尼斯的理论至少在以下几个方面仍值
得我们关注,这些论题或话题由他与诸多和他分享同一
个思想传统的学者所共同推进,这些论题和话题不仅对
于我们理解现代世界的性质、它的问题、它的可能出路
有着某种启发意义,而且对于我们认识我们抱持一种恰
当的道德、政治和法律理论有着某种重要的借鉴意义。

(一)在道德、政治和法律哲学中重新引入实践智
慧(practical reasonableness/prudentia)的概念

在菲尼斯的整个自然法理论中,有两个概念是最核
心也是使用频率最高的:一个是"好的东西/善"(goods)
或"最基本的好东西/基本善"(basic goods)①,另一个则

---

① "good"是一个比较难译的词。汉语学界的通常译法是"善"。但值
得注意的是,中文的"善"包含着某种比较强的道德的含义。但是
在菲尼斯那里,"good"就是一种好的东西,就是那种能使人变得完
善的东西,从而弥补人的缺陷(defects)。所以,菲尼斯明确说,他的
"good"并不具有道德的含义,道德是在"选择"这个环节才凸显出
来的。在这个意义上,用"好"或"好的东西"来翻译或许更好。出
于汉语翻译的习惯,我在这里交互着使用这两个词,但读者在阅读
的时候,尤其需要注意这里的问题。

是"practical reasonableness"。但同时,"practical reasonableness"也是他的著作中最难翻译的一个概念,并且对于很多中国学人来讲,它也是最难理解的一个概念,甚至是一个遭到严重误解的概念。比如台湾学者周明泉就把它理解为一种理性化的"程度",因而把它译为"实践可理性的程度"。[①] 但是,根据菲尼斯自己的说法,他的"practical reasonableness"实际上就是"prudentia"这个拉丁词的英文译法。在他看来,他所讲的"practical reasonableness"是与阿奎那所讲的"prudentia"相一致的。对于任何一位法科学生来讲,"prudentia"是一个再熟悉不过的词汇了,我们的"法学"或我们的"法理学"(jurisprudence)一词就是由"prudentia"和"ius"两个概念构成。所谓的法学,不过就是有关"正当"(jus)的一门实践智慧而已。在中文世界,对于"prudentia"这个概念,我们的哲学界也有不同译法,有将之译为"明智"的,有依循某些英译而将之译为"实践智慧"(practical wisdom)的。但一般而言,"prudentia"指的最核心的意义就是那种能够将"一般性原则"很好地运用到"具体事物"之中去的品格或倾向,亦即一种总能恰当地处理现实的具体事物的"德性"。所以,在这个意义上,就有了"政治的实践智慧"

---

① 周明泉:《论 John Finnis 的新自然法理论与天主教社会理论融通之可能性》,《哲学与文化》第 39 卷第 9 期,2012 年 9 月,第 121—122 页。

"家政的实践智慧""军事的实践智慧"。但是这种德性是一种指向具体实践的德性，一种类似于艺术的德性。也正是在这个意义上，我们也可以将"prudentia"的运用看成是一门艺术，由此也就有了"政治的艺术""军事的艺术"和"家政的艺术"。菲尼斯对于"practical reasonableness"的用法在很大程度上是在这个基本背景中展开的。但不同的是，他赋予了这个概念更加理性的维度。亦即他强调这个概念与理性或"理性的安排"的联系。在他看来，"practical reasonableness"就是"实践理性活动之完满的实现状态"（a successfully practical reasoning）。在这个意义上，他避免了后来在谈论政治的、军事的实践智慧时慢慢往马基雅维里式的"技术"面向的倾斜，亦即强调"后果"在评价中的根本性，强调"手段"的非道德性（不择手段）。在这个意义上，菲尼斯使用的"practical reasonableness"试图恢复"prudentia"一词原本的道德含义，将之与实践理性紧密地联系起来，从而强调事物"是否是合乎理性的"（reasonableness）以及强调"理性"在实践活动中对于事物的整体性的安排。对于这一点，我们可以从菲尼斯一再引用且将之作为他的整个自然法方法论基础的阿奎那的一段话中找寻到。在这段话中，阿奎那把知识和事物的整个秩序看成是理性的不同面向的安排，从而形成了四类相互间不可化约的秩序：自然秩序、思维秩序、道德秩序与技艺秩序。[①] 而"practical reasona-bleness"在其中发挥重要功能的就是这里所讲的道德秩序。对于道德秩序的塑造来讲,"practical reasonableness"起到了基础性的和框架式的作用。

当然,在"practical reasonableness"这个概念中,除了菲尼斯所强调的"理性的安排"这一核心观念之外,我们还可以看到他对于拥有这样一种品性的人的重要性的强调。亦即在严格的法则之外,留给人类行动的,其实还有一个很大的自由操作空间,这个空间的良好的填补就在于这种品性的良好的运用,这就好比一名建筑师建造一幢大楼一样,尽管有必须要遵循的力学的、建筑学的法则,但也有足够的可发挥其技艺的、审美的自由空间。这就是菲尼斯和他的托马斯主义传统之所以把法律看成是一种与建筑相类似的活动的原因之所在。在这个意义上,立法者和法官将扮演一个非常重要的运用立法的实践智慧和司法的实践智慧的角色。所以,也正是在这个意义上,菲尼斯和他所承继的托马斯主义自然法是可以开启一套非常有意思的德性法理学和德性政治学的。在这一点上,我们也可以看到菲尼斯与另一位重要的托马斯主义者耶夫·西蒙(Yves Simon)在这一实践哲学问题

---

① 参见 Aquinas, *Commentary on Aristotle's Nicomachean Ethics*, Dumb Ox Books, 1993, pp. 1 - 2。

耶夫·西蒙:《实践知识》

上所推进的方向上的一致性。[①] 就整个托马斯主义传统来讲,道德总是关乎具体的个体事物(行动)的,因而在这一必然由"偶然性"(contingency)所支配的领域中,是无法完全被"法则"所囊括的,因此,那种良好地把握和应对具体事物的实践理性便显得尤为必要。

(二)"好"(good)之于伦理学的首要性

在伦理学中,曾有这么几个概念占据着伦理学史的核心位置,一个是"good",一个是"duty"和"right",再有一个就是"utility"。这分别代表了三个最核心的思想传统:一个是亚里士多德-托马斯主义传统,一个是

---

① 西蒙在一系列的著作中推进了有关实践智慧(prudentia)的思考,包括他早期有关权威的思考以及后来的几部专门讨论道德德性和实践知识的著作,诸如《实践知识》(*Practical Knowledge*, Fordham University Press, 1999)、《道德德性之界定》(*The Definition of Moral Virtue*, Fordham University Press, 1999)。

现代的康德传统,一个是功利主义传统。对于"good"的强调与对于"utility"的强调有融合的地方,有些强调"good"的学者同时也是一名功利主义者。但是从一个基本的思想史的角度看,17、18世纪之后,伦理学中对"good"的再度重视,对它的重新阐发并发展出一套不同于义务论和后果主义(功利主义)的理论,是20世纪后半叶的事情,尤其是在一批亚里士多德主义者和托马斯主义者那里——诸如安瑟康姆(G. E. M. Anscombe)、麦金太尔(Alasdair MacIntyre)、安东尼·肯尼以及一些亚里士多德和阿奎那的研究者那里,诸如克劳特(Richard Kraut)①——这样一种以"good"为核心来建构道德理论的努力在不断地被强化。从总体上看,菲尼斯有关"good"的论述就是在这一基本氛围中进行的,菲尼斯的善理论也只有在这一基本的思想史背景中才能得到恰当的理解。

菲尼斯对于"good"的概念的阐发,在我看来,至少有以下两个方面是值得关注的:一个是他认为存在"一些"而不是"一种""基本善"。也就是说,菲尼斯认为存在一些最基本的价值,这些价值相互之间是不可通约的,它们共同构成了人类选择的一个基本视域。每个人以及每个

① 克劳特还专门写了一本讨论"good"的著作,参见 Richard Kraut, *What is Good and Why : The Ethics of Well-Being*, Harvard University Press, 2007。

人类组织体（诸如国家）基于他自己的承诺、他的处境、他对于他自己的期待而在不同的基本价值之间作出抉择，由此而型塑着不同的价值秩序。在这个意义上，便形成了不同的人生以及拥有不同特点的社会、国家和共同体。在这里，支配着这样一种安排的是实践智慧（prudentia），它要求人或团体作出合理的选择，要求他们的价值秩序安排是合乎理性的（reasonableness）。另一个值得注意的要点是，这些好的东西所构成的不是一个道德的领域，而是一个前道德的领域，也正是在这个意义上，用"善"来译菲尼斯眼中的"good"是有误解之可能的。"good"只是那些能够给我们带来好处的东西，能够让我们变得更加完善的东西，亦即能够弥补人与生俱来的各种各样的"匮乏"的东西。对于这些好的东西的追求构成了人类活动的基本特征。至于这种追求是否恰当，是否合理，是否正当，则是另外一个层面的问题。因此，在我看来，格里塞茨-菲尼斯学派最富建设性的洞见就是在道德和前道德之间所作的这一区分，从而把"善""实践理性"和"道德"以一种近乎微妙的方式关联在一起，这三者也构成了我们理解格里塞茨-菲尼斯学派的基本框架：(1)善/好是道德活动的前提，它们构成了道德活动的基本视域；(2)那种内在地认识和追求善的实践理性则构成了对于道德的基本界定。

（三）作为政治哲学核心概念的"共同善"

与"好的理论"有着密切关联的是一套有关"共同善"的理论。"好的理论"主要的讨论领域是伦理学或一般意义上的道德哲学，而对于共同善的讨论则基本处于政治哲学的论述范围内。就菲尼斯来讲，"共同善"无疑是他的政治哲学最核心的概念，或如他自己所说的那样，共同善是一个架构性的概念，权利、正义的概念都是以共同善这个概念为基础的。因此，在一次与他的谈话中，他就曾抱怨阅读《自然法与自然权利》的读者对于第六章（"共同体、诸共同体与共同善"）的忽视。现代政治哲学的一个最突出的特点就是对共同善概念的遗忘，共同善原本是亚里士多德-托马斯主义政治哲学传统的最核心概念。阿奎那在他有关法律的定义中，就把共同善作为法律本质的四个基本要素之一。然而到了现代早期，随着权利概念的兴起和逐渐占据支配地位，共同善概念逐渐退出人们的视野。只是到了 20 世纪下半叶，随着自然法和亚里士多德-托马斯主义路向的道德、政治和法律哲学的复兴，我们才慢慢看到人们再次把目光投向了这个概念。

无论是就晚近学者对于这个概念的讨论，还是就他们对于这个概念的重新建构以及由之而引发的争论，从一种基本的趋势看，"共同善"已呈现出一种复兴

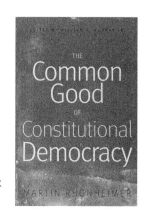

与菲尼斯学派立场相近的荣海默尔的作品《共同善与宪政民主》

的趋向。《斯坦福哲学百科全书》更是在 2018 年增设了"共同善"这一词条。在这里,我们可以看到,共同善所表达的那种既拒斥累加式的价值论,又拒斥契约式的义务理论的品格,对于未来政治哲学的可能形态有着某种重要的型塑意义,我们完全可以预见到一种立足共同善的政治哲学的复兴,无论是自由主义阵营内部(至善论),还是其他阵营之中,共同善都可能会作为一个不可忽视的概念被加以考量。在这里,我们可以看到菲尼斯同那些与他分享共同思想渊源的学者们——无论是与他年龄相仿的来自德语世界的荣海默尔(Martin Rhonhei-mer),还是他的后辈马克·墨菲(Mark Murphy)——在这一问题和立场上的高度一致。总而言之,对于共同善的恰当阐发,在很大程度上是未来一种可能的政治哲学最核心的任务。

（四）辅助性原则：权威分配的一般原理

另一个在我看来重要且对我们理解一种恰当的政治架构来讲重要的概念就是辅助性原则。辅助性原则是一个古老的原则，它在亚里士多德批评柏拉图的共产观念时就已有所萌芽①，后来在诸多的思想家、政治家和法学家那里得到阐发，包括阿奎那、阿尔图修斯②、马里旦、耶夫·西蒙。天主教更是将之作为其社会哲学的一个核心概念予以阐发③。辅助性原则最核心的主张包括以下两个方面：一个是强调下级单位的自主性，这个下级单位以个人为起点，延展至各式各样的共同体，包括家庭、经济组织、社会组织，乃至国家；另一个就是强调上级单位的辅助性，亦即上级单位只有在下级单位发挥自主性之余需要帮助的时候才可以介入进来。从这个意义上讲，辅助性原则支持一种自下而上的权威分配（因此与联邦主义有着某种亲缘关系），它既反对以个人为基本单位的任何个人主义的政治和社会学说，也反对以集体为基本单

---

① 〔古希腊〕亚里士多德：《政治学》第二卷第二章，1261a 9－20。相关的论述可参见吴彦：《自然法传统中的辅助性原则：思想渊源与哲学反思》（未刊稿）。

② 阿尔图修斯（Johannes Althusius, 1557—1638），现代早期一位一直被遗忘的重要政治思想家。晚近被一些学者誉为马基雅维里和康德之间最伟大的政治思想家。

③ 就天主教内部而言，对辅助性原则的一个经典的表述是由教皇庇护十一世在 1931 年的一则教皇通谕（*Quadragesimo Anno*）中予以阐发的。

位的政治和社会学说。它既强调个人的根本性、自主性，以及个人作为一个独立人格的首要性，也强调人的脆弱性、缺陷和无助，因此需要与其他人联合在一起，以弥补这种脆弱、缺陷和无助。因此，辅助性原则立足人的这一根本属性——相对的独立性和相对的社会性——而试图给出一种有关整个权威分配的基本架构。菲尼斯在他所主持的《美国法理学杂志》(*The American Journal of Jurisprudence*)2016年集中刊发了一期讨论辅助性原则的专辑，并亲自在其中撰写了一篇讨论辅助性原则的起源和历史的文章①，以推进在《自然法与自然权利》中只是略微带过的有关辅助性原则的阐述。在目前阅读和研究菲尼斯的诸多中国学人中，很少有人关注到这一根本性的原则，也很少有人看到这一原则与一个源远流长的思想传统之间的密切关联，更少有人看到它对于我们眼下之现实处境（包括我们现在所身处的整个世界的处境）的意义。但在我看来，对于辅助性原则的阐发，也是阅读菲尼斯时非常值得推进的思考，他同其他来自不同思想传统的思想家（如赫费［Otfried Hoeffe, 1940—，德国当代著名哲学家，康德哲学的一名极负盛名的阐释者］在康德传统中对于一种

---

① John Finnis, "Subsidiarity's Roots and History", *The American Journal of Jurisprudence*, Vol. 61, No. 1 (2016), pp. 133-141.

辅助性的世界共和国的论述①）共同阐发了一种在我看来极为重要且有某种现实意义的政治原则，它对于我们理解在这个人类相互之间的关系变得越来越紧密的世界上，一些之前几个世纪一直被奉为基本原理的东西——尤其是主权的概念——的逐渐破产，具有重要的意义。

三

当然，以上这几点只是我从菲尼斯的理论中拣取出来的某几个在我看来极为重要且有进一步推进之可能的要点。这些要点对于我们理解我们的现实处境仍然是重要且有用的：（1）什么东西对于我们的道德来讲是最核心的（good）；（2）怎样的一种安排对于我们拥有一种良好的政治秩序是最核心的（辅助性原则）；（3）我们是否可能在强调制度和严格的法则之外，也去强调一种需要去培养的品格（实践智慧），这种品格对于那些由偶然性所支配的世界来讲是根本性的。当然，除了这些一般性的理论进路之外，菲尼斯对诸多现实问题和诸多具体问题的思考和论述也值得我们关注，比如他有关部门法哲学的论述，在某种意义上是可以发展出诸多菲尼斯式的

---

① 〔德〕赫费：《全球化时代的民主》，庞学铨等译，上海译文出版社2007年版。

理论的,诸如菲尼斯式的惩罚理论,菲尼斯式的国际法理论,等等;另外,他对于生命和家庭的关注和讨论,对于堕胎、安乐死等等现实问题的研究,在西方学界影响都非常大,不管是支持还是反对,他的论述都是任何一个学者在讨论这些问题时不得不去面对的,因此从某种意义上来讲也都值得我们予以关注。因此,从这个意义上讲,阅读菲尼斯,既在于阅读他那些比之前诸多的自然法理论要精致得多的论述,也在于阅读他和他的那些尽管有分歧的同道们所共同分享的思想传统(亚里士多德-托马斯主义传统),更在于阅读在新的历史处境下自然法理论的魅力和活力。从这个意义上,在我看来,阅读菲尼斯肯定是会带来助益的。

> 2019 年 10 月 26 日初稿
> 2020 年 1 月 15 日定稿

菲尼斯实践哲学概要[*]

一、生平与著述

法哲学的视界

约翰·菲尼斯,牛津大学法哲学荣休教授,1940 年生于澳大利亚的一个知识分子家庭,他的父亲是阿德莱德大学(University of Adelaide)哲学系的一名教授,同时他的外祖父也是该校的哲学教授。1947—1957 年,菲尼斯就读于南澳洲的一所知名的教会学校(St Peter's College),学业完成后于 1958 年进入阿德莱德大学,继续为期四年的法律学习。1961 年,他获得法学学士学位(L. L. B),并于 1962 年拿到南澳洲的 Rhodes 奖学金进入牛津大学攻读博士学位,投到哈特门下。1965 年,菲尼斯

---

[*] 用"实践哲学"一语来称谓菲尼斯一生整个学术思考和学术写作的主题在很大程度上是适恰的。他把他自己的哲学思考放置在亚里士多德-托马斯主义的体系之中,并以此框架为基础来发挥他自己一些独到的想法。他的自然法学说涵盖了现代学科分类下的法哲学、政治哲学和道德哲学,用亚里士多德的话语来讲,他的思考和写作就是围绕着与探讨"自然"的"理论哲学"相平行的以讨论"人类行动"(human action)为核心的"实践哲学"而展开的。

在哈特的指导下以"司法权的观念"为题①撰写论文,获得牛津大学博士学位。

1965—1966年,他在哈特的推荐下到加州大学伯克利分校法学院进行为期一年的高级访学。在此期间,他读到了格里塞茨的《避孕与自然法》②一书,该书给菲尼斯留下了极深的影响,并促使其搜罗格里塞茨的其他著作予以研读。在研读的过程中,他发现自己找到了一条正确理解自然法的路径,由此也开启往后数十年广泛阅读和研究阿奎那的道路。1966年10月,菲尼斯回到牛津,开始接任牛津大学大学学院的法学研究员(Law Fellow of University College Oxford),与此同时,哈特也要求他为其正在编辑的Clarendon Law Series这个系列撰写一部著作,并建议他以"自然法与自然权利"为题。1978年,菲尼斯提交了该书的初稿,并在1980年出版了这部

① 菲尼斯的博士论文题目为:《司法权的观念:基于澳大利亚联邦宪法之考察》("The Idea of Judicial Power, with Special Reference to Australian Federal Constitutional Law")。根据他自己的说法,这一时期的作品还是很不成熟的。在他自己所编订的著作目录中,他甚至都没有将这部博士论文放进去。只是到了近几年,他才重新回到司法权这个问题。在一次讲座中,他对其所秉持的有关司法的观念作了概要性的论述。参见John Finnis, *Judicial Power and the Balance of Our Constitution : Two Lectures by John Finnis*, Policy Exchange, 2016。在这次讲座中,菲尼斯分别作了题为"司法权:过去、现在与未来"和"英国脱欧与我们宪法的平衡"的发言,并对多名评论者的评论作出了回应。

② Germain Grisez, *Contraception and the Natural Law*, Bruce, 1964.

反响巨大的著作。在写作和构思《自然法与自然权利》一书的这十年中，菲尼斯的思想受到格里塞茨的巨大影响，尤其是格里塞茨以《实践理性的第一原则》[①]一文所开启的以实践理性为基础的自然法理论。在随后的时日中，菲尼斯和格里塞茨以及格里塞茨的学生约瑟夫·波义尔进行了广泛的合作，通过一系列的著作[②]以及与麦金纳尼的托马斯主义自然法、神学比例主义、功利（后果）主义的相互辩驳，[③]他们阐发了一套不同于传统托马斯主义自然法的自然法理论，该理论不仅含涉传统意义上的道德理论，而且在菲尼斯的阐发之下进一步推进到一种有关政治和法律的思考，从而也将其批判矛头指向哈特、拉兹、德沃金等诸多当代的法律哲学家。

---

① Germain Grisez, "The First Principle of Practical Reason: A Commentary on *Summa Theologiae*, 1 – 2, Question 94, Article 2", *Natural Law Forum*, 10 (1965), pp. 168 – 201. 中译本见〔美〕格里塞茨：《实践理性的第一原则》，吴彦译，商务印书馆 2015 年版。

② 其中尤其重要的是格里塞茨的三卷本《主耶稣的道路》(*The Way of the Lord Jesus*)，以及他们三人合著的《核威慑、道德与实在论》(*Nuclear Deterrence, Morality and Realism*, Oxford University Press, 1987)。

③ 比如 Germain Grisez, "Against Consequentialism", *The American Journal of Jurisprudence*, 23 (1978), pp. 21 – 72; John Finnis with Germain Grisez, "The Basic Principles of Natural Law: A Reply to Ralph McInerny", *The American Journal of Jurisprudence*, 26 (1981), pp. 21 – 31; Germain Grisez, "A Critique of Russell Hittinger's Book, A Critique of the New Natural Law Theory", *New Scholasticism*, 62 (1988), pp. 438 – 465; John Finnis, "Natural Law and the 'Is'-'Ought' Question: an Invitation to Professor Veatch", *Cath. Lawyer*, 26 (1982), pp. 266 – 277。

《自然法与自然权利》
（牛津大学出版社 2011 年版）

　　除 1980 年出版的成名作《自然法与自然权利》之外，
菲尼斯还出版了他的道德哲学著作《伦理学原理》
(1983)①，研究阿奎那的著作《阿奎那：道德、政治与法律
理论》(1998)②，同时他还撰写了大量的论文，其中广泛
涉及当代道德哲学、政治哲学以及法律哲学。2011 年，
菲尼斯将他 40 年来写作的论文集结成一套 200 多万字
的五卷本文集，分别涉及道德哲学、政治哲学、法律哲学
以及神学。同年，他还出版了第 2 版《自然法与自然权
利》，与他的导师哈特一样，他在书末附上了一个后记，以
作为对 30 年来相关批评的回应。③

---

① John Finnis, *Fundamentals of Ethics*, Clarendon Press; Georgetown U-
niversity Press, 1983.

② John Finnis, *Aquinas：Moral，Political，and Legal Theory*, Oxford Uni-
versity Press, 1998.

③ 参见 John Finnis, *Natural Law and Natural Rights*（*Second Edition*），
Oxford University Press, 2011, pp. 414 – 479。

二、人类事务哲学
——哲学的整体规划

菲尼斯把他自己的整个哲学规划设想为建立在亚里士多德-阿奎那所奠定的古典自然法,尤其是亚里士多德所提出的"人类事务哲学"(the philosophy of human affairs)的基础之上。他在《阿奎那:道德、政治与法律理论》中一开篇就说道:

> 亚里士多德把他的《伦理学》视作为"人类事务哲学"的第一部分;而《政治学》则构成其第二部分。与诸多当代亚里士多德的解读者不同,阿奎那严格地贯彻了亚里士多德的这一规划。因此,在750字的序言中,以及加上《亚里士多德〈政治学〉诠释》的750字序言,阿奎那对于"人类事务哲学"在整个人类思想活动领域中的位置以及"人类事务"在整个事物秩序中的位置提供了一种基本阐述。

菲尼斯秉承亚里士多德-阿奎那的这一传统,并根据阿奎那在《亚里士多德〈尼各马可伦理学〉诠释》首章中有关人类理性与学问之间的关系的论述而提出了一种有关事物秩序和学问类型的划分。这一划分构成了菲尼斯思考整个道德、政治和法律理论的基本框架,因此他时常也将此种划分称为方法论命题(the methodological thesis)。

根据菲尼斯的理解,人类事务秩序包括四种相互之间不可通约的类型,并分别对应四种不同的学科类型:(1)自然秩序(rerum naturalium),亦即由不受我们思想影响的事物和关系构成的秩序,研究此种秩序的学问为"自然哲学",包括自然科学([scientia] naturalis);(2)思维的秩序,亦即那种我们能够将理性带入我们自己的思维活动中去的秩序,研究此种秩序的学问是广义上的逻辑学;(3)行动秩序,亦即那种我们能够将理性带入我们自己的考量、选择和意志活动中去的秩序,研究此种秩序的学问是"道德科学、经济科学与政治科学,可简明地统称为道德哲学(philosophia moralis)";(4)技艺秩序,对此,"我们可通过将理性带入所有那些外在于我们的思维活动和意志活动的事物,而产生那些'由人类理性所构建的事物'",研究此种秩序的学问是"有关各类实践技艺、技巧和技术的科学"。①

在菲尼斯看来,他的这个方法论命题最核心的要点是这四种秩序(四门学问)相互之间的"不可化约性"(ir-

① 参见 John Finnis, *Aquinas: Moral, Political, and Legal Theory*, Oxford University Press, 1998, p. 21。

reducibility)。这种不可化约性给菲尼斯的整个理论建构划定了一个非常清晰的领域,同时也标示出他的理论的独有特点。首先,通过将自然秩序(实然的秩序)与行动秩序(应然的秩序)的严格区分,菲尼斯接纳了休谟-康德对于古典自然法传统的批判,从而为从实践理性出发为自然法辩护提供了基础。其次,通过将行动秩序与技艺秩序的区分,菲尼斯厘定出了一种独特的秩序类型,亦即一种同时兼具这两种秩序之特性的秩序类型——法律秩序,菲尼斯在此基础上既批评了法律实证主义,认为他们忽视了法律秩序作为行动秩序所具备的特征,而完全将法律秩序归属为或"还原"为一种技艺秩序,同时菲尼斯在此基础上也批判了自然法理论,或者说现代自然法理论,认为他们忽视了法律秩序同时也是一种技艺秩序,而完全将法律秩序归属为或"还原"为一种行动秩序。[1]

从菲尼斯对四种秩序类型之不可通约性的论述中,我们可以看到,他最主要的理论意图在于确立行动秩序的独立性,他将其称为"社会和政治理论的反还原的观念"(anti-reductive conception of social and political theory)[2]。在他的整个理论规划中,研究行动秩序的学

---

[1] John Finnis, *Philosophy of Law*, Oxford University Press, 2011, p. 111.

[2] John Finnis, *Aquinas: Moral, Political, and Legal Theory*, Oxford University Press, 1998, p. 22.

问——（广义）道德哲学（philosophia moralis）——还包括（狭义）道德科学、经济科学和政治科学，其中政治科学还包含着法律理论。也就是说，"政治哲学仅仅只是（广义）道德哲学的一部分或道德哲学的延伸"①，同时法律理论是政治哲学的一个分支，尽管基于法律的双重性（作为行动理由和作为社会事实），它同时也属于另一个秩序类型——技艺秩序。可以说，道德、政治和法律这三个部分一起构成了菲尼斯的整个自然法理论，或者说构成了他的整个实践哲学。

三、道德理论
——实践理性与基本善

菲尼斯的道德理论主要由两部分组成，一部分是"前道德的原则"（premoral principles），一部分是道德原则。菲尼斯关于前道德原则和道德原则的区分最初是由格里塞茨在《实践理性的第一原则》一文中提出来的②，其后便成为新自然法理论一个非常重要的理论支撑点。这里主要涉及这样两个问题：一是为何称之为"前"道德的原

---

① John Finnis, "Aquinas' Moral, Political and Legal Philosophy", *Stanford Encyclopedia of Philosophy* (2005).
② 参见〔美〕格里塞茨：《实践理性的第一原则》，吴彦译，商务印书馆2015年版。

则,他们是一些什么样的原则;二是如何从前道德的原则"过渡"到(或"推导"出)道德原则,亦即道德原则是如何获得的。

根据菲尼斯和格里塞茨的解释,道德的领域是一个涉及人类行动(human action)的领域。所谓的道德的行动,就是那些符合道德原则,从而理应被我们予以正面评价的行动,而那些不道德的行动,就是那些背离道德原则,从而理应被我们予以谴责的行动。但是,就这个涉及人类行动的道德领域而言,它并不是自给自足的。所以我们必然要提出这样的两个问题:一是,道德是如何可能的?二是,我们到底是通过什么来规定道德的?或者说,在道德的领域中,什么是最核心的东西?

就前一个问题来讲,菲尼斯学派给出的基本回答与康德学派给出的回答是一致的。那就是,道德之所以可能,就在于人类拥有自由意志。因此,在格里塞茨和菲尼斯的著作中,有着对于自由意志的诸多讨论,他们把自由意志看成是他们的实践哲学的形而上学基础。那么,既然道德是可能的,我们又是如何来规定道德的?或者说,在道德的领域中,什么东西是最根本的东西?从整个道德哲学史看,对于这个问题的回答,大致可以有这么两种:一种回答认为功利(utility)是最核心的一个东西,这是功利主义的基本主张;另一种回答则认为,实践理性是道德领域中最核心的东西,这是康德主义的基本主张。前一种立场认为道德最根本的东西就是那些需要我们予以促进的利益(benefit),使利益最大化的规则或法则就是道德的基本原则;而后一种立场则主张,道德不是对利益或最大利益的追求,相反,道德必须就行动本身来加以谈论,而不能就行动所促成的目的或结果予以讨论,所以在这里,我们就只能从行动本身内部的原则来评判行动,这个评判性的原则就是理性,更具体来讲,就是实践理性。行动所应遵循的东西就是实践理性所设定的法则。

然而,在菲尼斯看来,康德主义最大的问题在于,在用实践理性所设立的法则来作为评判行动的原则时,往往会陷于空洞。在这里,实践理性是一个自足的领域,是一个不去考虑任何目的的领域,而就真正的人类道德生活来讲,目的的概念是极为重要的。因此,康德主义会陷于一种漠视人类生活之本真境况的状态。那么,这是否就等于说功利主义是一个更好的选择方案呢?不是的。在菲尼斯看来,功利主义的问题不在于它试图用行动的目的来评价行动,而在于它对于这个目的的界定出了问题。在功利主义的理论中,目的是由欲望(desire)所界定的,理性在其中只扮演一个工具性的角色,亦即计算哪些手段对于达致由欲望所设定的目的最"有效"。但是,在菲尼斯看来,这在根本意义上误解了道德的真正性质。

第一篇 自然法

道德的真正性质在于评定哪些行动是正当的,是好的,哪些行动是不正当的,是不好的,如果仅仅用利益或功利来进行衡量,人类道德生活的深层内涵及其厚度便会消失殆尽。因此,我们必须从另外一个地方来寻找道德的根据。

由此,菲尼斯在亚里士多德-托马斯主义哲学(尤其是托马斯主义哲学)中找到了更好的理解道德的思路。这条路径与上面两条路径的根本差异主要在于两点:一是对于实践理性的理解。在康德哲学那里,实践理性是一个不涉及目的的活动,道德只与实践理性本身的活动相关,亦即只与实践理性本身的立法相关,但是在托马斯主义哲学中,实践理性或实践理性活动是认识和把握好的事物(goods)的能力或活动。所谓的"好"或"善",不是被我们的欲望(desire)所把握到的一个东西,或者说,不是满足我们欲望的一个东西。相反,好或善是我们的(实践)理性所把握到的一个东西,是我们的(实践)理性通过其活动而认识到是"好"的一个东西。正是在这里,托马斯主义也与功利主义严格地区分了开来,它不是把欲望的对象(功利或利益)作为道德的根据,而是把实践理性所把握到的"好的东西"作为道德的根据。正是在这里,菲尼斯所讲的善和实践理性的第一原则,就沿循着托马斯主义的这条路径顺延下来。因此,我们可以看到,所谓的基本善和实践理性的第一原则便构成了道德领域的一个前领域,亦即构成了我们道德生活的一个基本背景。我们所有的道德行动,包括不道德的行动,乃至与道德不涉的行动都是在这个基本背景之中进行的。

在这个前道德的领域,最核心的原则就是实践理性的第一原则,亦即阿奎那所表达的那个著名的自然法公式"应当为善和追求善,且应当避免恶"(Good is to be done and pursued, and evil is to be avoided)。该原则是非推演出来的、自明的(self-evidence)、每个人只要基于某种必要的能力即可获知的原则。同时"每一项实质性的实践理性的第一原则都挑选出且指引人们趋向一种独特的理智善,这种善同时也拥有用以确定这一善的原则所拥有的首要性,由此可被称为'基本的'善"。① 因此,每一种实践理性的第一原则都对应着一种基本善,菲尼斯厘定出了七种基本善:(1)知识;(2)生命;(3)游戏;(4)审美经验;(5)社会性/友谊;(6)实践合理性;(7)宗教。尽管在新自然法学派内部以及每个人在他们自己的不同时期对于基本善的表述都存在差异,但所有这些都并非问题的关键,因为他们看到,这种厘定或抽象仅仅只是在从不同的面向来表述同一个东西——人类完善

① John Finnis, " Aquinas' Moral, Political and Legal Philosophy ", *Stanford Encyclopedia of Philosophy* (2005).

（human fulfillment）；也就是说，各种基本善所体现的是人类完善的不同基本面向（basic aspects）。

因此，菲尼斯在此关于基本善的论述，其核心并非这些善到底是七种还是八种甚或九种，而是说这些善是人类完善的构成要素，因此就必然与人类本性存在密切的关联；其次，这些善相互之间是不可通约的，亦即它们是平等的，在这个意义上，菲尼斯背离了亚里士多德的古典传统，而更加吻合于现代自由社会的基本原则。正如其在《实践原则、道德真理与最终目的》一文中所讲的："正如我们在本文中所表明的，自由选择的实在性是与如下这样一种假设不相兼容的——这种假设认为（比如，亚里士多德就这样认为）：人类生活有一个单一的自然目的。"①

道德理论的第二个部分是道德原则，或者说，从那些前道德的原则（实践理性的诸第一原则与诸种基本善）如何推导出具体的道德原则。在菲尼斯看来，在这个推导过程中，起关键性作用的是"实践合理性"（practical reasonableness），或者说是亚里士多德意义上的"明智"（prudence）。正如他所说的："识别、推断和阐发道德原则是实践合理性（practical reasonableness）的一个任务。一个人在这样做的时候所做的所有那些判断被称之为一

① Germain Grisez, Joseph Boyle and John Finnis, "Practical Principles, Moral Truth, and Ultimate Ends", *The American Journal of Jurisprudence*, 32 (1987), pp. 99 - 151.

法哲学的视界

个人的'良知'(conscience)……某个拥有良知的人将拥有实践合理性和进行合理判断的基本要素,即被阿奎那称为'明智'(prudentia)的理智的和道德的德性。完全的明智(prudentia)要求一个人自始至终都能够将他的合理的判断付诸实现,即在面临被诱导去做一些不合理的但可能并非不理智的选择的时候,将其合理的判断运用到其选择和行动的具体细节中去。"[①]

菲尼斯的道德理论尽管在其言语中表明是在继承亚里士多德-阿奎那的古典传统,但他在实践理性第一原则和基本善上的创造性阐释,使得其理论在根本意义上否弃了古典传统,而更迎合现代社会关于道德的理解。同样地,正是在这个基础上,菲尼斯阐发了他的政治和法律理论,此种理论表现出与古典自然法截然不同的面向,尤其是把古典自然法中的"恶法非法"命题置于一个非常边缘的位置。

四、政治与法律理论
——法律、理性与权威

那么,菲尼斯的政治与法律理论是如何与其道德理

---

① John Finnis, "Aquinas' Moral, Political and Legal Philosophy", *Stanford Encyclopedia of Philosophy* (2005).

论联系在一起的呢？这种联系与古典自然法中所理解的法律与道德的关系在何种意义上存在差异？

在现代世界，人们所普遍持有的有关古典自然法的理解往往是这样的：实在法应当符合自然法，不符合自然法的实在法是恶法，因此不能称为法，同时也不具有约束力。此种自然法理解将（实在）法律与（自然法）道德的关系理解为一种"从属关系"——（实在）法律符合于/不符合（自然法）道德。这种理解的一个根本性预设就是：道德是唯一的，或者说，各种道德规范、道德原则相互之间不存在一种无法消除的对立性。但是，菲尼斯通过对于基本善之多元性的阐发，构设了一个时时存在道德冲突的画面，由此便产生了菲尼斯所谓的"合作问题"（the problem of coordination）。在菲尼斯看来，人类越是理性，基于基本善的多元性，他们在合理目的的设想上就存在越多的冲突。这些目的没有优劣之分，也不可能通过理性的论辩加以消除，因此，为了进行合作，消除这些不可能通过理性论辩加以消除的冲突，就必须存在一种权威，使其在各个合理方案中裁定出一个最终的方案。

因此，政治事物就在道德事物无力解决自身问题的地方出现了。由此，对于菲尼斯来说，权威问题在根本意义上就是与合作问题联系在一起的。所以，紧跟在道德理论之后的必然是一种有关政治权威的理论。但是，由于政治权威往往存在诸多类型,其中某些类型的权威尽管可以解决合作问题,但是却可能因为没有受到其他因素的限制而被人们所滥用,由此便造成各种危害,因此,我们必须通过某些手段来限制和约束政治权威的行使。在菲尼斯看来,"法律的统治"正可以被用来作为克服由政治权威所生之危险的手段。在这个意义上,菲尼斯引述并进一步阐发了亚里士多德关于"人治"和"法治"的传统观念:"亚里士多德在《政治学》中针对这样一个问题进行了激烈的辩论:政治权威通过'法治'是否比通过'人治'运行地更好。他通过他的论证试图表明:在几乎所有的社会之中,即在几乎所有的情形和问题之上,根据法律或依据法律进行统治相比而言更为优越。因为:1.法律是理性(reason),而非激情(passion)的产物;2.统治者或机构的最高统治权往往会导向专制;3.平等要求每一个成年人都能够参与到治理活动之中;4.官员和职位的轮替是可欲的,并且如果没有法律的规制,这种轮替几乎是不可能运转的。因此在亚里士多德看来,实践权威的核心情形是:通过'法律'以及'受到法律规制的统治者'进行治理的城邦。"

由此我们可以看出,菲尼斯的法律理论已与传统尤其是现代的自然法理论存在很大的差异,此种差异的最突出表现就是菲尼斯在超越的自然法与现实的实在法之间注入了一项根本的人类理性活动要素,有时他将其称为"实践合理性"(practical reasonableness),有时则称为"明智"(prudence),有时则称为"权衡"(determinatio)——"一种对一般性事物的具体化;一种特定化,通过在各种可替代的具体化方案中进行自由选择——一种甚至包含任意性独断要素的自由——来约束'原则的理性必然性'"。[1] 通过这样一项中介性的人类实践理性要素的介入,在传统的自然法与实在法之间似乎被架起了一座可能的桥梁。然而,菲尼斯的此种超越自然法与法律实证主义的努力在多大程度上是成功的或许仍取决于他所采纳的这种论证自然法的基本路向——一种实践理性的路向。或许,我们只有在根本意义上理清实践理性的基本性质和结构,才可能褒贬菲尼斯所开启的这一新自然法理论的成就。

———————

[1] John Finnis, "Natural Law Theories of Law", *Stanford Encyclopedia of Philosophy* (2007).

第二篇

法哲学

我们这个时代到底需要怎样的法哲学? *

一、引子

我在这里所谈的不是某种"法理学"①,也不是要支持或推出某种具体的法理学主张。我在这里要谈的是某种"法理学的研究",或者说,是关于中国当下法理学研究的某种基本的思想状态。当然,要谈论当下的思想状态,重要的不是要总结它的成就,而是要对它的问题进行必要的反思和检讨。在我看来,眼下中国的法理学研究在某种意义上是不令人满意的,至少从一种理应期待的法理学研究状态的角度看是如此。

---

* 本文初稿是提交给 2019 年在同济大学举办的"第一届法哲学与政治哲学论坛"的笔谈文章,在此做了实质性的修改。
① 在汉语学界曾有过一场有关"法哲学"与"法理学"之差异的争论,认为法理学更着重对于法律结构的分析,更富分析性和规范性,而法哲学则是对于法律背后因素的哲学探索,因此更富思辨性。在西方学界,也不乏有人在这两者之间作出区分。但在笔者看来,这样的区分对于我们的研究来讲并没有太大必要,甚至可能会人为割裂一种连贯的研究。当然,在这一点上,笔者沿循了菲尼斯教授的用法。在他看来,法律理论(legal theory)、法理学(jurisprudence)和法哲学(legal philosophy)这三个词语并没有刻意区分的必要,它们大体表达了同样的一种理论旨趣,亦即对于法律的哲学研究。

二、基础研究的匮乏

所谓的"法理学",顾名思义,就是对于法律的基础理论的研究。但是,目前被冠以"法理学"之名的,往往是一个"大杂烩",只要不是部门法和法律史研究范围之内的东西,都可以被称之为"法理学"。因此,一些迎合时代偏好和大众趣味的话题往往更易于占据法理学研究的核心,由此而使得法理学对于一些艰涩的基础性问题的思考和研究变得越来越稀少。从某种意义上来讲,法理学目前的状况就像是一个"游魂",最核心的东西往往随着"热点"来回浮动。而对于法理学原本应当关注的一些诸如法律的性质,法律与强制、法律与国家、法律与道德之间的关系,为什么需要法律,为什么需要遵守法律,什么样的法律才是好的法律等基础性的、恒久性的问题,中国法理学界的思考在晚近几年没有任何推进的迹象。大家都"一窝蜂"地跑去研究人工智能、大数据、基因编辑等更易于在期刊杂志上刊发的时髦话题去了。

三、过度的"现实取向"
——区分法律政策学与法哲学

法律总是有着某种现实取向的,它在很大程度上需要回应特定处境中所面临的问题。所以,法学,就其本性来讲,并不像哲学那样纯粹是思辨性的。法律需要考察具体的处境,需要应对具体的问题。因此法学在这个意义上,是一门技艺。但是,法学除了可用之来回应我们在现实处境中的问题之外,它同时也涉及对一般性的人类行动的评价,这种评价在根本意义上处在伦理的范围之内。所以,法学除了是一门技艺之外,也是一门关乎我们如何行动,关乎各种人类事务如何安排的伦理学学问。所以,法学并不也不应完全是现实取向的。尽管现实取向或"实践"取向是法律的一个不可或缺的部分,但就法律最核心的内核来讲,它是理论性的,亦即是实践-道德性的。而这种实践-道德性最根本的体现就在法理学这里。因此,一味地强调法理学的现实取向,强调某项法理学研究的现实意义,在很大程度上偏离了法理学本身所具备的基本特性。在这个意义上,笔者更愿意说,我们在很大程度上可能需要在"法律政策学"与"法理学/法哲学"之间作出必要的区分。从而把那些致力于现实效用的有关法律的研究纳入法律政策学的范围,而把对于基础问题的研究(包括对于重要法哲学家的研究和对于重要议题的研究)重新留给法理学。

四、"热点"的追逐

追逐热点与过度强调法理学的现实取向是密切联系在一起的。法学理论,其首要任务是对法理的一般性问题进行深入、系统和有说服力的研究。这些研究在根本意义上与"热点"是没有什么关系的。法理的研究不能成为一种"政策"的研究,法理学不能是一种"智库",这与法理学的本性是相偏离的。作为基础研究的法理学,在很大程度上是且理应是一门"冷门"的学问,它关注人类生活的深层次问题、恒久性问题和根本性问题。当然,在这个意义上,法理学研究绝不是要刻意地保持与现实的距离。相反,正如上面所一再强调的,就法学的本性来讲,它是有很强的现实取向的,而且某些"热点"的出现——诸如人工智能、基因编辑——其本身就内涵着某些棘手的人类困境,如果法理学研究能够在这些热点问题的背后系统地思考这些人类困境,并在此基础之上建构一套可用以挑战我们传统固有理解的法律理论,那这样的研究才是值得被倡导的。

五、学科的壁垒及封闭
——走向一种"大法学"的法理研究

法律理论研究不能局限于单纯的法律领域,而必须要跳出法律领域,进入由道德、政治和法律哲学共同构成的实践哲学领域。法律必须在这个整体性的人类实践活动中才能得到更好的理解。法哲学必须被看成是道德哲学的一部分予以研究,或更准确地讲,它是社会伦理学或政治伦理学的一个分支。法哲学是政治伦理学中一个独特的分支,它既依赖于道德的约束,又拥有一个可自由发挥的空间。在这个意义上,法学是一种在伦理约束下的技艺的运用。也正是在这个意义上,历史、习俗以及实践智慧在法律中占据着某种非常重要的位置。因此,自然法与实在法是这样一种作为整体性的实践哲学的法哲学研究的两个主要对象。前者主要讨论一种基本的社会和政治伦理以及法律的伦理,后者则容纳历史、社会的考量。如果我们把这样一种法哲学看成是一种自然法进路的法哲学研究,那么这样一种法哲学研究就绝不是对于超越的高高在上的某种道德的研究,而是对于人类实践活动的基本原则,以及人们在理解这些原则的前提下运用这些原则以应对现实处境(实在法就是这种应对的最主要手段)的研究。因此,一种恰当的自然法哲学绝不会忽视对于实在法的研究,相反,它对于实在法的理解和研究更是一种整全性的研究,将之纳入对于人类实践活动的整体理解之中。实在法,在这样一种法哲学的理解之下,是一种在社会和政治伦理框架之内的实践技艺，就好比遵循建筑规律的建筑师的建筑活动一样，因此，实在法与实践智慧(prudentia)之间的密切联系比所有其他联系都要根本。故而，法学的深层研究，必须且必然会进入一个狭义法学无法囊括的领域，而这便需要我们开启一种"大法学"的视野，并在此视野中系统地思考法律。

六、价值研究的缺失
——法教义学与社科法学

　　眼下中国法理学有所谓的"法教义学"与"社科法学"的争论。当然，这个争论的焦点其实不在"法律理论"，它们不是两套法律理论的争论，而是两种研究法律的方式的争论。因此，我在这里所谈的不是理论本身的对错，而是其所忽视的东西，这个东西对于眼下法学的前提性思考仍是重要且根本的。所谓的"教义"，在哲学界，通常也把它译为"独断论"，就是把某种命题作为前提不予检讨，进而以此为基础来建构一套体系的理论。"教义"就哲学层面来看，是一个糟糕的东西，因为哲学本身就是对于"前提"的"无限"的追索和检讨，但是法学不同，法是需要被固定下来的，是需要成为人们日常生活中一个可被认知和可被遵循的基本框架的，因此，法的教义有着某种特殊的作用,它是内在于法律性质本身的。所以,就法教义学本身来讲,它是有某种合理性的,而且也是且理应是大部分法律实践者着力研读和掌握的。在一个理想的状态中,法教义学理应是法学教育的最主要的部分。但是,法教义学就其性质来讲,是以某种特定的价值秩序以及这种秩序的相对稳定性为前提的,它在某种意义上是对已经确立起来的价值秩序的一种法律上的安排。尽管它也处理价值问题,但是,它的处理方式只是片断性的,而不是系统性和根本性的。因为,它是以业已被确立起来的基本价值秩序为前提的,所以,对于价值秩序本身的合理性和合法性,以及价值秩序本身的安排,法教义学就其自身为其自身所设定的任务来讲是无力处理的。也正是在这个意义上,相比于法教义学,法哲学/自然法的研究进路更接近社科法学。但社科法学的问题在于,它对于价值问题的关注本身是偏颇和干瘪的,社科法学在某种意义上渊源于西方的经济分析法学且混合了社会学的一些研究方法,它把效率、后果、有效性作为法律最核心的,乃至是唯一的价值目标。这是对人类生活基本价值的无知。法律理应着眼于对人类生活中的不同类型价值的保护,从而使人能够通过追求不同种类的价值而达致其本身的完善。在这个意义上,无论是法教义学,还是社科法学,都无力解决眼下中国在价值问题上(无论是个人层面上的、社会层面上的还是政治和国家层面上的）所面临的基本困境。

七、缺乏对于人类生活具体问题的系统研究
——部门法哲学的研究

近三十多年来，中国法理学者经常抱怨的一件事情就是法理学者不关注和研究部门法。因为缺乏对部门法的精深研究而使得法理学者无力参与到部门法的讨论之中，进而使得中国法理学界对于整个法学的辐射和影响力在逐年递减。与之不同，无论是欧洲大陆还是英美世界，他们的法理学教授几乎都会同时专研某一部门法或涉足多个部门法，有些法理学者甚至本身就是某个部门法领域的领军人物。比如富勒在契约法方面的研究本身就是英美契约法史上的一座里程碑，20世纪英美契约法的学说史就是以富勒的理论为讨论起点的。另外，像哈特，他还专攻刑法，他的再传弟子，刚刚去世的牛津前法理学教授加德纳也是以刑法研究著称于世。这样的例子比比皆是，对于他们来讲，并没有严格的"部门法学者"（刑法学者、民法学者）和"法理学者"的界分，一位不研究部门法的法理学者是无力对问题（无论是一般性的问题还是具体的问题）的复杂性作出良好判断的，而一位不

研究法理学的部门法学者不是缺乏对问题的系统看法，就是缺乏真正认识问题本质的能力。

然而，我在这里说法理学者应该研究部门法，不仅仅是说他要去研究那些具体的法条，而是要研究部门法所规定的那些对象。部门法的基础不在法条本身，法条只是一种特定意志的体现，或特定意志的某种特定的展现形式。法条的背后是活生生的人类生活形式本身。比如我们的家庭法和婚姻法，其背后是家庭和婚姻这种人类生活形式。我们到底应该如何设想家庭和婚姻？家庭和婚姻的性质到底是什么？它们理应是什么样的？这是我们在思考和研究家庭法和婚姻法之前首先需要考察的，只有在这样一种考察的基础上，我们才可能对目前以法条形式予以固定下来的那些家庭规范和婚姻规范作出批判性的检讨，而这种检讨是法学学者理应从事的最根本的任务和使命。因此，我们可以说，就法学研究来讲，以家庭法为例，它的基础在于对家庭的法哲学研究，而家庭法哲学的背后则是对家庭本身的哲学思考和研究（见下图）。因此，我们可以说，这是一个尽管有分层但却连贯一致的学术共同体的共同事业。在这里，法理学者既要深入更基础的哲学性的研究，亦即对于家庭、婚姻、战争、国家、契约、公司等等人类生活形式和联合形式做出哲学性的研究，又要同时兼涉具体的制度架构。他们所担负的这一承上启下的贯通式的使命,是其他学者无力承担的。或许这也是我们未来的法理学者理应为其自身设定的任务和使命。

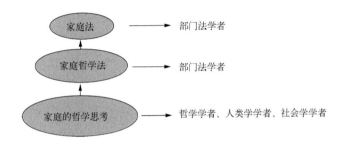

八、结语

在这里,我们可以看到,法理学是一门极其特殊的学问。它是沟通哲学和法学的一座桥梁,它要求法理学者既要有哲学的素养,又要有法学的素养;既要深入哲学之中进行哲学性的探索,又要回到法学之中寻找现实的解决之道。它既要求法理学者去思考人类生活的基本问题,又要求他返回现实思考具体的制度架构。因此,思想史与制度史、哲学与法学、思辨与求实、历史与现实,所有这些有时看起来不相一致的东西在法理学者这里必须要以一种融贯的方式被结合起来。只有在这个意义上,法理学才可能焕发出它应有的魅力。

而在这里,它唯一需要戒备和防范的就是那种追逐热点、自我封闭、单向度的技术取向、缺乏伦理思考的单薄的法理学研究。只有如此,它才真正可能成为一门值得尊敬的学问。

第二篇　法哲学

法哲学、共同生活与古典法学[*]

晚近学人间的作序,多是想找一名大家,以便为自己的作品"添砖加瓦"。因此,作序也成了一种或明或暗的"广告"。这与古代文人出于志气相投而为之作序,有着鲜明的差别。这是我第一次为他人作品作序,就我个人来讲,这决不是出于任何其他缘由,而只是希望延续古代文人的这一挚友间相互砥砺的传统。

与黄涛兄结识,差不多已是十多年前的事情了。第一次知道他的名字,是他投稿给当时邓正来先生主编的《西方法律哲学家研究年刊》。我们俩的文章被放在了一起,我讨论的是霍布斯,而他讨论的是卢梭,此文充满才气,瞬间让我记住了黄涛这个名字。后来我们在当时盛极一时的"法律博客"上互相留言,并互通邮件,谈论我们各自的研究计划,各自的康德翻译,以及各自的"前程"。这就开始了我们往后十多年的合作。

从表面上看,我们是两个非常不一样的人。他热情、豪爽,说话激情四射,而我则少言。他倡导"激情"

---

[*] 本文是笔者为黄涛的《法哲学与共同生活:走向古典法学》(北京大学出版社 2020 年版)一书撰写的序言。

（passion），而我则更欣喜"节制"。虽然我俩的阅读面都非常广泛，但在我们专攻的政法领域之外，我更喜好形而上学和生物学，而他则喜欢文学和艺术。我所钟爱的阿奎那和菲尼斯是他甚少涉猎的，而他对于克劳塞维茨、孟德斯鸠的关注则是我所欠缺的。他喜欢中国古典传统中的韩非，而我则偏于儒家。所有的这一切，都显现出我俩的不同。尽管如此，我们还是有很多的共同点，这里有我们都喜欢的亚里士多德、康德、卢梭、洛克、霍布斯，有我们共同关注的自然法和德国观念论传统，有我们一直对于翻译之于中国学术之重要性的坚守，有我们对当代政法学界某些顽疾的共同批判，还有我们在某些基本学术立场上的一致性。也正是出于这样的缘故，我希望借对此书的评论，来进一步推进我们共同思考的某些话题。我想，如此才是一种最好的"作序"方式。

《法哲学与共同生活：走向古典法学》这部书稿一共分三篇，分别立足于三个不同语境：西方、中国古典、中国当下。在这三个不同语境之下，书稿分别讨论了马基雅维里、孟德斯鸠、康德、司马迁、韩非、朱苏力等人。就其所涉猎主题的广泛性来看，整部文稿看起来显得非常松散。但是，撇开针对所有这些人所撰写的具体论点不谈，从整部文稿的构思、布局和论题的选择来看，我们却能看出在基本的立场、视角和问题上的一致性和连贯性，而这也正体现在书稿名称中的三个核心词汇：法哲学、共同生活和古典法学。我也希望针对这三个问题，来进一步推进其中的某些思考。

一、法哲学的思考规模

我在这里之所以使用"规模"一词，是因为我觉得这个词很好地概括了我和黄涛在过去诸多年一直倡导的法理学的"法哲学转向"（或者说，法理学本身就应该或主要是一种法哲学）所应当致力于的事情的宽广程度。

从我们所置身的基本处境看，如果我们要建构一个适合于我们自身的中国法哲学传统的话，我们至少需要在以下三个方面作出努力：一是对于西方传统的深入挖掘，二是对于中国古典传统的再度审视，三是对于当下的深度理解。首先是对西方传统的深入挖掘。对于任何一个中国人来讲，我们被嵌入一个不是由我们自己所能选择和左右的基本结构之中，我们是不得不去面对这个结构所施加给我们的诸多限制的，我们也只有在这个结构之中，才可能走出我们自己的道路。我们不能因为不喜欢西方或因为自尊，就可以逃避他们在文化、制度和心性方面对我们所施加的诸多压倒性压力，我们无法自说自话，因为我们已经与他们一起被放置到一个空间之内，且不得不面对很长一段时间他们在各个方面上的优势。对此,学习西方,消化西方,至少在学术和思想方面,是一个长期的事情,而在这个过程之中,重要的不是我们是否超越它,而在于我们是否真正消化了它。我们未来的核心任务是如何把它们吸纳成为我们自己的传统,就像现代欧洲人把希腊文明、希伯来文明吸纳成为他们自己的传统一样。在这一点上,我想我跟黄涛兄的立场是一致的,这也正是这么多年来我们一直致力于西方文献汉译这个事情的根本缘由。其次是对中国古典政法传统的再度审视。尽管过去诸多年,我们的精力都主要集中在西学方面,但对中国古典政法传统的兴趣却一直未曾消退,而且这几年越发明显。这种兴趣的增进与我们的失望是相伴而生的,尽管在过去诸多年内,汉语学界的"政治哲学热"也已波及中国古典思想研究领域,但到目前为止,我们仍未看到真正有力度和有前途的研究。在我们的古典传统中,"政治生活"一直是古人最关切的议题之一,在他们对于自身、对于家庭、对于国家以及对于天下的整体性的关怀和理解之中,政治的维度从来没有与对于自身、对于家庭这样一些"私人领域"的关心脱离开来。这是我们自己的思想传统与西方,尤其是现代西方的思想传统极不相同的地方之所在。我们的传统不仅把这种关怀注入哲学思辨之中,而且也扩展至文学和历史领域。我们的历史学并不仅仅只是一种记录之学，更不是一种思辨人类命运的思辨之学，而是一种历史-伦理学。在这个意义上，它本身就是政治哲学的一部分。所以，《史记》《资治通鉴》等诸多史论性著作，是内涵着某些未为我们所注意到的思想要素的，并且也只有将史论与哲学结合起来，我们才有可能系统地阐发中国古典的政法思想。最后是对于我们目前所置身的现实的理解和检讨。我和黄涛兄有一个共同的特点，就是喜欢评论。从十多年前开始，我们就写了不少的书评和时评，尽管我这几年因把精力主要放在了翻译上，所以写得少了，但评论的冲动一直未曾消退。我想，这也是我们介入现实，参与现实，并在可能的方面希望现实变得更好的一个主要手段。我们一直对目前学界评论之风（尤其是书评）的消退感到失望。学者们越来越把自己限定在自己构建起来的那个小世界之中，专业性变得越来越强，壁垒变得越来越森严，相互之间的交流变得越来越困难。这样一个碎片化的趋势严重地影响了学术的生机和活力，也影响了学术共同体的建立。当然，这背后的原因是多种多样的。但无论如何，对于现实的理解和检讨是我们建构一个属于自己的政法思想传统所必然需要的。就以上这三方面——西方、中国古典、中国当下——来讲，黄涛兄的这部书稿都做了有益的尝试。

从问题的跨度来讲,法哲学必须要将视线放置到我们的日常生活之中。当然,这里所讲的"日常生活",并不是说要把法律或法理运用到我们平常的生活之中,或在生活之中发现法理,而是说,我们要把我们的焦点从"法律文本"那里暂时拿开来,而将之放置到对于法所应该规范的对象中去,亦即放置到对于人类生活的基本形式(The Forms of Human Life)的关注和思考当中去。诸如家庭、财产、婚姻、战争、国家、国际秩序,所有这些人类生活的基本形式,法哲学都必须首先予以处理。我们需要追问的是:家庭是什么,一种好的家庭形式应该是什么样的;国家是什么,一种好的国家应该是什么样子的;诸如此类的问题。对于这些问题的思考理应成为我们进一步讨论某些具体的法律规范,或具体的据以规定这些生活形式的法律规范的前提。从根本上来讲,法就是对于这些人类生活形式的基本规定,法哲学必须以对这些人类生活形式的理解和规定为前提。在这个意义上,(狭义)法哲学是政治哲学的一个分支,而政治哲学则是广义道德哲学(伦理学)的一个分支。因此,我们在倡导法哲学研究的时候,或者在谈论广义的法哲学的时候,实际上必然会把且必须要把政治哲学和道德哲学考虑进去,不然,撇开"政治"和"伦理"这两个维度的法哲学,只有可能会沦为一种枯燥、干瘪的"技术"之学。这也是我跟黄涛兄这几年对法教义学和社科法学抱持批判态度的根本缘由之一——法教义学基本上是一门没有把对于价值问题的"根本思考"纳入进来的学问,而社科法学则完全是把价值扁平化为"效用""利益"和"后果"的功利之学,它根本没有好好地去思考人类生活的复杂性,也没有好好地去对待人类生活中某些无法还原也不可被还原为经济性要素的东西。

二、共同体与共同生活

第二个关键词是共同体与共同生活。在这个方向上,我与黄涛兄分享着共同的立场,尽管在某些细节方面我们有所差异。一种反个人主义的立场是我们在研究德国古典法哲学传统尤其是康德法哲学的时候共同"发现"的。我们在阅读康德后期的《法权学说》一书时,发现康德所讲的很多东西与现代自由主义对于他的阐释是极不吻合的。现代自由主义把康德视为一名先驱,他们把康德哲学中的"人"看成是一个原子式的个体,并在此基础上来建构他的整个政治哲学。如果我们只看《道德形而上学奠基》这部作品,这样的解读可能是没有太大问题的。但如果我们仔细研读《法权学说》,就会看到,康德对很多东西的强调与那种立足权利、立足契约、立足个体的视角是完全不同的。比如在康德看来,义务是一个比权利更为基础性的概念,他的法体系就是根据法的义务(亦即乌尔比安三公式)来安排的。此外,他认为我们有义务走出自然状态,而不仅仅是出于自己的考虑从而一致同意走出自然状态。再进一步,我们甚至有权利强制那些与我们发生关系的人走出自然状态进入法权状态,在这个意义上,他与经典的社会契约传统是有很大不同的。在这一结构中,我们可以看到,他对社会契约论、原子式个体、绝对主权这样一些现代自由主义政治传统所秉持的一些根本观念的批判。在这里,康德所强调的是人与人之间的关系,也正是这种潜在的必然的交互性,使得我们的公法秩序建构不可能停留在国家这个层面上,而必然要扩展到世界的层面上。

发现康德的"非个人主义",只是我们推进思考的第一步。至少在我看来,我们不能停留在批判的层面上,还需要发展出一套系统的有关共同体的思考。在这个方面,黄涛兄近些年来转向了 T. H. 格林以及英国观念论传统,而我则进入了亚里士多德-托马斯主义传统。在这个问题上,我们至少需要对以下一些问题作出进一步的澄清:比如,我们为什么被"要求"而进入各式各样的共同体?这些不同于国家的共同体在我们思考整个政治秩序的时候到底占据着怎样的一个位置?这些不同类型的共同体因何而被区分开来,包括其中最特殊的一种——政治共同体?另外,我们在强调共同体的时候到底又该如何设想"个体",一个既需要进入共同体中去又不失其自主性的个体,从而不至于把整个的个体又重新全部地被吸纳到共同体之中?上面的所有这些问题,都是需要我们在接下来的思考中予以进一步推进的。而在我看来,亚里士多德-托马斯主义传统中的辅助性原则为这样一种思考提供了一个非常好的框架。当然,黄涛兄想深度挖掘的 T. H. 格林的核心概念之一——共同善——与亚里士多德传统是有着某种共同旨趣的,我也期待黄涛兄在往后的格林研究中能够为我们挖掘格林思想中有关共同体和共同善的思考。

三、古典法学:我们到底应该从哪里寻找法哲学思考的灵感?

黄涛兄喜好使用"古典法学"(classical jurisprudence)一词。当然,这可能跟小枫老师之前所倡导的"古典"一路的学问有某种关联。但就我自己来讲,尽管晚近二十来年,由小枫老师和甘阳老师开启的古典学的学风,对于中国整个学术的成长有着莫大的贡献,但就其在"古典"与"现代"之间所制造的某些"严苛"的对立,是值得予以反思的。这种对立不仅在学界,而且蔓延到了学界之外。当然,在我们倡导某种东西的时候,我们总是需要制造某个"敌人",但是当这个"敌人"在你谈论的语境中本身就还没有有效地站立起来,或者说,它还没有能力被作为一个标杆而耐受用力一击的时候,你的整个立论就会失于偏颇。就我对学问本身的理解来看,我觉得学问,尤其是人文学问,其本身就是现实的一部分。理论是嵌入我们的现实实践之中的。因此,在我们反思启蒙、反思现代性、反思现代政治秩序的时候,首先的一个预设就是我们已置身于现代秩序之中。当然,在很多方面,我们的确已经置身于这样一种秩序之中,比如在经济方面,在科学技术方面。但在某些方面,我们仍然不是那种典型意义上的现代国家(modern state)。因此,在这个意义上,黄涛兄所讲的"古典法学",就我理解,并不是那个与现代政治和法律秩序相对立的"古典法学"。相反,他所主张的"古典法学"是相对于晚近一两百年由各种实证主义、相对主义思潮所促生的那种注重"技术""丧失目的之思考"的法学。这种法学在我们当下法学界就表现为法教义学和社科法学。因此,我们说,所谓的"古典"一词,并不是从与"现代"的对立中获得界定的,而是从它的"视野"中获得界定的,古典法学试图从更宽泛的领域——道德哲学、政治哲学——中获得对于法律的更深层次的思考。换言之,它要去思考法律与我们的生活的本真关系,或者说,法律与我们共同生活的本真关系。在这里,我们可以看到,法哲学、共同生活与古典法学,从某种意义上来讲是有着某种内在的逻辑勾连的。我想,这或许也是黄涛兄在选取书名的时候内心所要真正表达的东西。

2019 年 12 月 17 日初稿

2019 年 12 月 31 日定稿

法哲学的视界

CLSCI 与中国法学的封闭
——谈诸如"法史学"和"法哲学"这样的基础学科之衰败

一、引言

学术,尤其是人文学术,就其本身来讲,在一定意义上是一件非常私人化的活动。对于一名成熟的学者来讲,外在的因素,无论是政治的还是经济的,在很大程度上是无法从根本意义上支配他的,而且就他本人来讲,作为一名真正的学者也不应为其所支配。但是,一名学者的成长、他的活动以及他的整个学术创造,从某种意义上讲也并不完全依靠他自身,而是依赖于一个良好的学术环境。尤其是在他还不明白如何做学问,还没有养成良好的学术判断力以便去判断哪些是好的学问,哪些是不好的学问的时候,如果他所成长起来的环境不仅没有教会他如何做学问,甚至以歪曲的形式教会他以某些非学术性的标准(无论是所谓的"刊物等级"还是"数量")来判断学术的好坏,那么,我们很难期待他会被培养成为一名"适格"的学者,更难期待他会被培养成为一个拥有良好学术判断力以及富有良好学术品性的人。由此,我们也可以想见,对于这样一个"不正常"的学术环境,该国和该领域的学术不仅不会有所进步,甚至可能会在根基上被败坏。因此,我们说,学术就其根本来讲,既是一个学者本人的事情(这依赖于学者自身的天赋和努力),同时也是一个学术环境的问题。就前者来讲,它所关涉的是学术的德性和天赋,而就后者来讲,其所关涉的则是学术体制。恰恰在这里,对于学术体制的反思和批判必然构成学者自身最切己也是最核心的关怀,因为它在根本意义上构成了学者之成长和学术之传承的条件。

对于眼下中国学术体制的反思和批判,自 20 世纪 80 年代后期以来就不曾间断。但其关注的重点是有些许变化的,这在一定意义上取决于中国学术体制本身的问题。90 年代关注的主要是学术规范,这是因为 80 年代的学术,无论是从思想还是从写作上看,都缺乏基本的学术规范,因此,90 年代便出现了有关学术规范的大讨论。但是,随着 90 年代中后期学术的不断的精致化,学术规范问题随即退出人们的视线。随之而生的问题就是在精致化的学术写作之后,以"期刊论文"为核心的职称评定、课题申报以及其他由之而衍生的问题。其标志性的事件是 CSSCI 体系(亦即"中文社会科学引文索引")的创建,这个体系在其被开发出来以后,伴随着其他学术出版的衰落(尤其是学术著作出版之公信力的丧失),逐渐演变成为一种具有宰制性的制度,到目前为止仍强烈地支配着中国整个的文科学术生产。

本文并不试图对伴随 CSSCI 体系的所有这些问题作出全面的检讨,而只是将注意力聚焦于笔者自己所身处的学科领域。一方面,这在一定意义上是因为本文是准备写给法学圈内的学人以及关心法学学术发展的学人的,而另一方面则在于我在这里所讲的 CLSCI,在根本意义上是一个建立在 CSSCI 体系之上的附加体系,更准确地讲,它是一个"加强版"的 CSSCI,它在一定意义上强化了 CSSCI 的一些不良的东西,乃至促生了 CSSCI 体系原本可能不会促生的一些不良的东西。因此,在笔者看来,对于它的检讨,既是对于眼下学术评价体系的一个一般性检讨,更是对它的其中一个激进范例——法学界的学术评价——的检讨。

二、CLSCI 体系及其表现

所谓的 CLSCI,全名"China Legal Science Citation Index",也就是"中国法学核心来源期刊"。它是中国法学会法律信息部于 2010 年开始通过"中国法学创新网"予以发布的一个索引期刊目录。他们通过择取已进入

CSSCI 体系的几份法学类期刊(开始是 15 份刊物,后来扩展到 16 份,由此也被人们称为"法学 16 种")所发论文的类型,进而对"发文数量""高产作者"等数据予以统计,并由此对各大法学院进行学术生产排名的一个评价体系。因为到目前为止,我们尚没有一个能真正切合学术研究本身的评价机制,因此,在 CLSCI 系统被开发出来之后,这个统计和排名系统便迅速成为各大法学院争相作为"自我评价"的一个重要指标。不管就真正的学术品质来讲,这样的统计是否切合学术研究真正的水准或是否真正有益于中国法学学术的发展,甚或是这样的统计是否真正深入到每个学者的内心,先撇开所有这些涉及正当性和恰当性的问题不论,单就这份统计所产生的影响来看,我们可以说,在这近十来年的实践中,这份统计数据对整个中国法学的研究方向、研究方式,对包括高校老师以及在读学生(尤其是硕士生和博士生)在内的几乎所有法学学术圈内的人都产生了持续且具有支配性的影响。

首先受到影响的自然是全国各大法学院的内部制度。当各大法学院看到每年如此的"专业"排名出炉,而且在这份排名不断被其他兄弟院校采纳为指标予以施行的时候,"效法"便如风般地风靡开来(我并不准备在这里探究其中的社会心理机制,尽管这是一个值得思考的话题)。由此,各大法学院的内部机制也开始逐渐围绕这份排名而展开。首先是入职的标准。这是一个最容易控制的指标。为了提升自己在这份统计数据中的专业"排名",各大法学院在每年遴选入职人员的时候,会设置一个基本的条件,那就是他/她必须在"法学16种"上发表X篇文章,而不只是在所谓的CSSCI上发表论文,由此,"法学16种"上的"发表量"在根本意义上成为他/她的"学术能力"的"重要指标",乃至"唯一指标",其在求职过程中的竞争力就是依据"法学16种"上的发表量予以决定的。其次,法学院制度变化的第二个方面就是针对已入职的教师,这种制度变化主要围绕着考评、绩效和职称评定而展开。每年的年终,在奖励发表论文或进行绩效考核的时候,诸多法学院都把"法学16种"单列出来,在上面发表文章,不仅奖励丰厚,而且会予以额外表彰。如此"风气"的养成逐渐以直接或间接的方式影响到学者对于其自身的自我认同,尤其是对于其自身研究之价值、意义及确信的认同,由此,有些人会因为这种影响而改变原来的研究方式以及研究路向。尤其是对于那些不去思考这样的评价对于我们到底意味着什么的"学者"来讲,这样的影响更为巨大。对于他们来讲,所谓的"做研究",其最终的目标无非就是在"法学16种"上发表论文,并以在"法学16种"上发表论文为豪,此种风气将进一步恶化一个正常的学术环境。

再者，也开始有学者以与此份统计相类似的逻辑——"引用率"——来研究中国法学的研究现状。[①] 我们暂不管这样的研究如何"科学"，仅就其对于其所从事的事情本身的正当性及其所带来之后果的正当性的无知来讲，这样的研究在很大程度上是眼下中国法学之"价值空缺"的一个极为明显的表征。这样的研究根本没有将其视野放置到对于该体系本身之正当性的反思和检讨之中，或将之作为其评价的前提，相反，它在很大程度上不带任何反思地接受了现实存在的东西，并因此强化了CLSCI的正当性，由此也加强了它的影响力。

当然，问题的关键不是这种影响的"强弱"[②]，而是这是一种"怎样"的影响，它对于中国法学学术到底意味着

法哲学的视界

① 如侯猛：《中国法学的实力格局：以青年学者的引证情况为分析文本》，《中国法律评论》2017年第5期。当然，这在很大程度上也是晚近所谓的"社科法学"最根本的问题之所在。他们对于自身所从事的事情的恰当性和正确性是没有意识的。对于价值和意义的追问在他们的分析框架中是缺失不见的。因此，从某种意义上讲，在一些无关紧要的事情上，"社科法学"或许是有很大助益的，而在一些紧要的事情上，恰如康德所指出的那样，这样的学问是"一颗可能很美，只可惜没有脑子的头颅"。

② 当然，在我们这个缺乏价值信念的时代，在我们生活的各个领域，我们都将"影响力"作为"成功"与否的标志，而不管这种影响力是通过什么手段获得的，以及这种影响力的实质到底是什么。在学术领域中，这种忽视实质的倾向最明显地体现在人们对于各种头衔的追求，而遗忘了学术真正的目的以及学术所真正应着眼的功夫。

什么。在我看来,这种影响在某种程度上是恶劣的,一者,它会在很大程度上冲击乃至在根本意义上摧毁中国法学的基础性研究;另者,它所促生的法学的自我封闭会在根本意义上进一步强化前一种影响,并同时削弱法学研究的品质以及它对于相关学科的影响力。

三、CLCSI 的效应:基础研究的衰败及法学的封闭

对于任何一个学科来讲。"基础"都是重要且根本的。对于整个文科学术来讲,文史哲是它的基础。而对于法学学科来讲,法理学(法哲学)和法史学(以及与之相关的比较法学等等)是它的基础。基础学科最易为人们所察觉的特点就是"无用"。它没法给我们带来"即刻"的益处,也没法给我们提供"即刻"的指南。它只是以潜在的方式发挥着重要且持续的影响。因此,基础学科既"无用"又"重要"。从某种意义上讲,好的基础研究往往依赖于以下几个因素:(1)远离时兴的热点;(2)积累的重要性;(3)多个学科的相互借鉴。

首先,基础性研究往往着眼于一些一般性的问题,也着眼于一些纯理论性的关切。它是诸多现实问题背后的一些潜藏着的根本性问题,有着恒久的历史,诸如什么是

法律、我们为什么需要法律、我们是否有义务遵守法律。对于这些问题的探讨,既构成了我们现实法律实践的最深层背景(如我们的司法实践即依赖于我们对于什么是法律的理解,不同的理解亦即不同的法律理论将在根本意义上影响到具体的司法实践),也构成了一部恢宏的学说史和制度史。对于这些问题的研究,以及围绕着这些问题的学说和制度的研究构成了我们最深层的理解法律的"基础",也构成了我们在法律事物领域中各种实践的"背景"。它们是我们没有意识到但却无形地支配着我们的一些东西。对于它们的研究、反思和辩驳构成了我们的法律实践,亦即我们会以何种方式来践行法律的前提。从这个意义上讲,基础研究所追求的不是时髦的问题和时兴的话题,而是根本性的和前提性的问题。然而,就 CSSCI 以及以 CSSCI 为基础的 CLSCI 这个评价体系来讲,它是以"引用率"来作为根本指标的。尽管初看起来,我们会觉得"引用率"似乎非常"科学",但如果我们仔细反思一下,便会发现,就"引用率"本身的逻辑来讲,它是"去基础研究化"的。在专业性研究尚未被区分开来予以不同对待的前提下,越理论化的东西,其被排斥的可能性就越高,因为它的引用率是相对比较低的。同时,就 CLSCI 这个系统来看,相比于时兴的话题,各个部门法的基础研究,其引用率自然会低,而就部门法的基础理论与一般法哲学和法律思想史相比较而言,法哲学和法律思想史的研究,其引用率就更低了,因此它被排斥乃至被拒斥就是一个完全可预见的现实了。

另外,还有一个重要的因素在于,中国的法学学术从根本意义上讲是"继受性"的(当然这在很大程度上源于法律的继受性),而且这种继受至少到目前为止还仍然在进行之中。我们对于西方法学的整体理解从某种程度上来讲还是片面和肤浅的。我们仍无法形成一种与西方的整体性的对话。从这个意义上来讲,至少就眼下乃至接下来几十年,中国法学学术的一个最基本的任务仍然是"理解西方",因为只有在这个意义上,我们才可以更好地"理解我们自己"并"以此塑造我们自己"。因此,"论文"这样一种表征"创新"和"精细研究"的文体形式,并不能够作为中国法学学术最主要的载体,我们仍然需要著作、译作等更具系统性的学术承载形式。换句话说,如果就中国的实际来讲,或就中国的国情来讲,我们比西方人更需要基础性的、纯理论性的和系统性的研究,同时,我们也比西方人更需要对于西方法律之基础性和背景性知识的深入且系统的理解。在这个意义上,CLSCI这样一个单一的评价体系,它在根本意义上会摧毁这样一种基础研究的可能性,并由此摧毁中国法学学术逐渐建立我们自身之根基的可能性。

最后,基础研究从很大程度上来讲是多个学科相互借鉴的。哲学的繁荣,依赖于作为它的思考对象的各个其他学科的繁荣。比如,没有物理学的研究背景,我们很难在物理哲学或自然哲学方面有所成就,如果没有法学的研究背景,我们很难说会在法哲学方面有所成就。[①]而法学的繁荣,依赖于它与其他学科的互动和相互借鉴,法学不应将自己看成是一种纯粹技术性的"职业培训",而理应把自己看成是一门"学问"。法学,从根本意义上来讲,理应是一门致力于"理解法律"的"学问",其次才是一门传授法律的"技术"。眼下中国法学的根本问题之一就在于这种自我理解的混乱,而 CLSCI 就是这种混乱的附带产物之一。对于一个有着正常学术判断力的人来讲,没有人会觉得法哲学的论文刊发在哲学刊物上,法史学的论文刊发在专业史学刊物上是一件不值得提倡的事情。CLSCI 所鼓励的那些东西,是对于这样一种常识的挑战,更是学科封闭化的一个表征。其结果很可能就是摧毁整个的基础研究,从而让我们重新回到幼稚的老路。如果不抵制这样一种风气以及业已形成的制度性壁

---

① 当然,这也是眼下中国哲学界的一个根本问题之所在,它把自己打扮成一门与其他学科一样的学科,而殊不知它是所有其他学科的基础学科。这集中体现在眼下中国哲学系所之设置以及哲学教育之施行。一种真正的哲学学问,理应在研究具体科学之后才是可能的。当然,限于主题,在此我并不准备讨论哲学教育这个问题。

垒,中国法学的"幼稚病"不仅难以愈合,更有甚者就是变得更为幼稚。

四、结语:同行评价的可能性?

不管那些开发 CLSCI 的人的真正初衷是什么——出于一种善意的理解,我想他们的初衷多少是想为中国法学的学术生产提供一种更专业、更科学的评价体系,恰如他们在其网站上所声称的那样——问题的关键在于,CLSCI 是一个立足于 CSSCI 的评价系统,而 CSSCI 是一个以引用率为指标的系统。因此,在专业化和引用率的双重作用下,其结果必然背离开发者的初衷,并将之引向一个更恶劣的方向。换言之,CLSCI 通过 CSSCI 体系预先的"削足适履式"的删定,将原本可能存在的"同行评价"变成了一个压制性的东西,从而将 CSSCI 所带来的恶果进一步扩大,从而以其专业性的壁垒进一步压缩基础研究的可能性,其结果在可能的将来是完全可以预测的。

从另一方面来讲,我们在八九十年代的法学已经形成诸多优秀的刊物,诸多部门法学的论丛——比如梁慧星主编的"民商法论丛"、陈光中主编的"诉讼法论丛"等等,以及其他专业性的刊物——诸如郑永流主编的《法哲学与社会哲学论丛》,都在学术发表方面做出了杰出的贡献,这些专业刊物在 CSSCI 体系出现之前曾经是我们重要的学术论文的载体,但经由 CSSCI 体系的冲击,目前或是被改造,或是淡出人们的视野。如果我们想真正建立一个良好的同行评价体系,我们的 CLSCI 就应该脱离 CSSCI 系统,从法学学科内部着眼,立足于真正的专业性刊物,祛除引用率的支配,进而建立一个真正的适恰的同行评价体系,为我们的法学学术的良性发展提供一个良好的环境。

2019 年 1 月于牛津

法律与国家：法哲学史中的核心问题

一、引言

哈特曾在他的《法律的概念》一书中梳理过法哲学的基本问题。他把法律与命令（或强制）之间的关系，法律与道德之间的关系以及法律与规则之间的关系看成是法哲学史上三个恒久不变的问题。当然，哈特的这个梳理从某种意义上讲是恰切的，尤其是就法律的本质以及两百多年法理学发展的状况来讲是如此。但是，如果我们把目光放置到一个更宽广的领域，并把时间拉置到更为久远的年代，我们就会看到，一个更为宏大和核心的问题便会浮现出来。这个问题不仅涉及对于法律本质的思考，而且还涉及法律在整个人类公共活动中的位置和角色，它们支配着我们对于法律的一般性思考。这个更为宏大和核心的问题便是法律与国家之间的关系问题。或者，如果我们说"国家"这个概念是一个相对比较晚近和现代的概念，那么，我们也可以说，这个问题所关注的是法律和政治之间的关系问题。这也在某种意义上说明，有关法律的思考（亦即我们通常意义上所讲的"法哲学"）为何不可能从有关政治和道德的思考（亦即"政治哲学")中脱离和分离出来。

二、法律与国家思考的三个不同阶段

就西方整个法哲学思想的发展来看,不同的时代对于法律与国家之间关系的处理方式以及侧重的要点都会有所不同。从一个长时段的角度来看,我们大致可以分出这样三种不同的模式:第一种是以国家思考为核心的模式,在这一模式中,法律被置于一个相对比较次要的位置,在这里,尽管也强调立法者,强调法治之于人治的重要性,但是,核心的是国家与善(道德)的关系问题,法律被置于一个相对次要的环节,我们也可以把这一模式称之为城邦模式;第二种模式则是以法律为核心,国家的活动(政治活动)或道德的活动都必须在法律之下予以评价,我们也可以把这一模式称为"法律主义"(legalism);第三种模式的侧重点重新回到国家,但此时的国家与第一种模式所讲的国家,无论是就它们的内涵,还是就它们与其他要素——尤其是道德和法律——之间的关系而言,都发生了根本性的变化。在城邦模式中,国家问题的着重点在于道德生活,法律被置于一个相对边缘的位置。但是在第三种模式中,国家问题的着重点转向了"统一"和"支配",所以主权问题被作为一个核心问题凸显出来,无论是国家的内部秩序还是外部秩序,都围绕着这个基本观念而展开。因为经历了第二种模式(法律主义模式)的洗礼,所以,第三种模式的国家又不得不把法律的问题置于他们着重考虑的范围之内。由此,如何处理国家与法律之间的关系便成为一个棘手且核心的问题。其中也衍生出多种不同的思考模式:一种是国家(或国家意志,或组成国家意志的人民的意志,或民族的精神)作为法律的渊源(早期法律实证主义[奥斯丁与边沁]、历史法学);另一种是法律秩序超出并立于国家之上(自然法模式);再者就是直接把国家看成法律秩序(凯尔森)。我们也把第三种模式称为"现代国家-法律模式"。下面我们就这三种模式作进一步的阐述。

(一)城邦模式:国家思考的主导性

在古希腊城邦时代,除了柏拉图的《法律篇》之外,我们很少看到其他专门论述法律的著述,普遍的都是"论城邦"。不管是亚里士多德的《政治学》,还是柏拉图的《理想国》,其标题都是有关"城邦"的研究,亦即有关城邦这种国家形式的研究。在他们有关人类生活形式的基本思考中,他们也是把沉思的生活、技艺和行动(核心便是政治活动)视为人的三种最基本的存在样式。法律是被作为政治的一部分,或被作为立法者的技艺来加以看待的。并没有专门的研究法律的学问,也没有形成成熟的独立于城邦之外的法律的观念,尽管在那个时期我们可以看到自然法的萌芽——无论是古希腊悲剧中的《安提戈涅》还是亚里士多德的自然正义——但是,在后来发展起来的作为宇宙秩序而不是某个特定政治体之秩序的普遍法观念,在这个时期是极为匮乏的。

因此,此时的城邦,或此时的政治观念是不强调我们现代所强调的那种法治的,或者说,其强调的重点是有差异的。现代法治的要点在于限制国家权力,亦即用法律来约束国家或政府,这是在一种对国家极不信任的状态下形成的基本观念。但城邦时期的世界,人们对于政治是抱持极为乐观的态度的,"人在本性上是政治的动物",政治不是对立于人的,而是为了满足人的需求,或使人获得完善所必须的条件。所以国家和法律的对立,在那个时候是一种极为陌生的观念。所谓的法治,其着眼点不在于限制和约束国家,不在于使政府成为一个有限的政府,而是在于用法律来进行治理可以排除私人意志和私人专断,从而使国家或政府的运行更好地服务于公共善(common good)而不是私人利益(private good)。

因此,城邦模式是一个统合性的模式,政治就其本身来讲是带有道德意图的,因此它在服务于道德生活的同时,把法律也囊括其中,将之作为一种技艺或一种与人的明智德性(prudentia/pronesis)相关的东西,法律无非就是人的明智德性对于正义的一种运用而已，从中，我们也可以看到后来古罗马人在构造法学（juris-prudentia）一词时所受的古希腊观念的深刻影响。

（二）法律主义模式：古罗马和中世纪

走出城邦模式是从城邦本身的衰败开始的，希腊化时期的斯多葛学派是最早致力于走出这一模式的思想流派。他们的政治和法律思想不再把城邦作为思考的核心，而是把宇宙和支配宇宙之基本运行的法律作为其思考的核心，也正是在这个意义上，后世的人们才普遍将他们看成是自然法思想最早的先驱。普遍法律观念的盛行与现实政治的现状（帝国的建立）形成相互吻合之势——城邦观念向世界城邦观念（亦即帝国观念）转变的过程——并持续支配了后来近一千多年有关法律和政治的基本思考。

罗马时期的思想世界，在摆脱城邦模式的同时，开始逐渐发展出各种有关法律的学说，并形成了影响后世甚巨的罗马法学。但此时的法学，其着重点不在于国家和政治生活，而在于公民生活，因此，罗马法学从根本上来讲是一种私法学，故而在法律与国家的关系问题上，此时的法学是相对漠视的。或者从另一个角度看，国家问题在古希腊城邦时期的重要性被大大降低了，人们不再把城邦作为讨论政治和法律问题的首要关注对象，相反，他们把法律本身作为一门专门的学问予以研究。但是此时的法律仍然被看成是政治的一种技艺,是政治的一部分,一种不反过来把政治(国家)作为对象予以思考和规范的法学(现代法学)。只是到了帝国的崩溃和封建秩序的建立,真正意义上的法律主义模式才开始盛行起来。

中世纪的法律和政治思想一直为人们所忽视,但晚近的研究越来越真切地指出,我们现代的政法世界中的很多东西都脱胎于中世纪。不管是我们的代议制、立宪主义,还是主权观念,所有这些,都渊源于中世纪的法律和政治思想。甚至于我们可以说,现代早期的国家观念就是对中世纪的法律主义的一种直接的反抗。中世纪法律主义的一个典型特点就是法律的至高性,恰如卡莱尔兄弟在他们经典的《中世纪政治理论史》一书中所讲的那样:"如果我们不知道中世纪国家中的最高权威既不是统治者,也不是国王或皇帝,而是法律,那我们根本就不可能理解中世纪的政治思想。"[1]法律至高性的观念在托马斯·阿奎那的体系中也显露无遗。他的体系从中世纪中叶开始就一直支配着后来所有有关法律的讨论,并通过苏亚雷斯影响到格劳秀斯,通过英国的胡克(Richard Hook)影响到洛克。在阿奎那最著名的《神学大全》中,

① R.W. Carlyle and A. J. Carlyle, *A History of Medieval Political Theory* (*volume 5*), p. 36.

除了《论上帝》一篇之外，最为人所知的就是他的《论法律》一篇，这一篇章成为后世自然法学说一再返回过来寻找思想源泉的资源。在《论法律》一篇中，法律被界定为由对共同体负有照看责任的权威所颁布的致力于共同善的理性安排。在这里，国家和统治者是被置于法律之下而被加以设想的，尽管法律是由权威者所颁布，但这仅仅只能说是"颁布"，而不能说是创造——除了上帝之外，但上帝也不能或不会创造不符合理性的法律。因此，法律拥有其自身的逻辑和它自己内在的规定性。这对后世的法律观念，尤其是自然法观念影响甚巨。但是与现代法律观念不同的是，这里的法律是有双重限定的：一是它是与理性相关的，所以它必须是合乎理性的；二是它必须致力于共同善，也就是说，它是有一个目的的指向的。这两点在现代法律观念中都被逐渐祛除掉了，不是被代之以意志（法律被看成是意志的产物），就是被代之以其他的目的观念，共同善在人们对于政治和法律的思考中逐渐失去了其原本所拥有的那种重要性。

（三）现代"国家-法律"模式

现代国家的诞生在根本意义上就是对法律主义模式的一种突破，因此其采取的最初形式往往是绝对主义国家，其看重的最核心的观念往往是"主权"观念。这是普遍法律秩序衰落之后所必然导致的一个结果。国家从普遍法的束缚中解放出来,它主张它自己的最高性,主张它拥有制定属于它自己的法律的绝对权威,排除任何高级法的约束。现代国家就是在与法律的斗争中登上历史舞台的。它把在中世纪流行的法律与国家的关系完全颠倒了过来。新的世界秩序便是由这种颠倒促生的,在这里,处于核心位置的不再是统摄一切的法律,而是各个独立的,作为主权者和至高者本身的国家。

但是,作为这样一个绝对的国家,当其权力扩展至它的本性所能及的最大范围之外的时候,它便遇到了对抗它的其他力量,尤其是道德的力量。"如何看待并约束这样一个绝对国家"这一问题在绝对主义国家战胜宗教和突破之前的法律主义模式之后便立马凸显出来。历史的进程开始了又一次新的综合,在中世纪中晚期既已有所萌芽的立宪主义和个人权利观念被作为对抗绝对主义国家的最主要的手段而凸显出来。自由主义便由此孕育而生,其核心的观念,一者在于对个人自由的强调,另者在于用法律来约束国家权力。因此,法律与国家之间的关系开始了一段新的历程:在自然和形而上学的约束在现代早期被逐渐祛除掉之后,在中世纪盛行的统一自然法的模式也随之消失,从而被代之以各个单一国家为主导的模式;接着,在对抗国家权力的绝对性的时候,尽管人们也诉诸自然法的渊源,但开启的却是一个新的纪元,人们不是以超越国家的统一法律秩序来对抗这个国家,而是从国家之内设立起新的主权者——个人及其自由——来对抗之,并以此在国家"之内"建立法律秩序(国家法模式),而不是在其"之上"建立法律秩序(自然法模式)。由此,法哲学的历史开启了一个所谓的法治国(Rechtsstaat)或法治(Rule of Law)的阶段,在这里,核心的要点便是一种不同于之前两个历史阶段的全新的法律与国家间的关系。

然而,随着技术的进步,人类交往的频繁,以国家及其内部法律秩序为思考核心的第三种模式也正在遭遇越来越现实的挑战。当我们把整个人类看成一个共同体,当我们在地球一端所作的一个行为举止很容易就能影响到地球的另一端,当人们普遍感受到相互之间的影响之后,一种新的法权意识也必然会逐渐孕育出来,那时,对于国家与法律之间的关系的思考也会再次凸显出来并发生某种可能的深刻的变化。而这很有可能就是我们未来重点的思考任务。

良好的政治秩序[*]

就作为理性动物的人而言,他拥有诸多本能,其中有两种本能对我们讨论道德和政治现象尤为重要。一种是非社会性本能(unsocial instinct),另一种是社会本能(social instinct)。前一种本能驱使人远离群体而过一种富有个性的生活,它促生了人们对于私人领域的追求,尤其是对于独占式财产的追求。而后一种本能则驱使人生活在一起,不仅是因为要克服因单独生活而带来的生活物品的匮乏,而且更是因为群体生活本身所富有的吸引力。婚姻、家庭、友谊、经济和政治活动,所有这些都使人的生活变得更加丰富,进而为其过一种幸福的生活提供了基本条件。政治秩序就是对所有这些人类活动的一种安排。诸如财产的归属(私有制抑或公有制)、家庭的构成(一夫一妻制抑或一夫多妻制,是否限制生育)、经济活动的基本形态(自由经济抑或计划经济)以及国家权力的限度(全能国家抑或有限政府)。好的政治秩序可以使生活在该秩序中的人过上一种好的生活,而不好的

---

[*] 本文为笔者为《良好的政治秩序》(《法哲学与政治哲学评论》第 1 辑,华东师范大学出版社 2016 年版)一书撰写的卷首语。

政治秩序则无法让他们过上好的生活。因此,对于良好政治秩序的追求一直是人类社会最核心的诉求。本辑所论之主题即围绕着这个话题。

就该话题的整体框架而言,我们大致可以在以下三个层面上予以考察。首先就该话题所预设的前提而言,主要有两个不可回避的问题:一是何谓国家,二是何谓政治。它们是我们谈论良好政治秩序的前提。在我们尚未对此有所理解并试图洞悉其中意涵的情况下,我们是无法对"何谓良好"作出正确与合理的判断的。从语源学上看,政治和国家有着极为密切之关联,"政治"(politics)一词的最初含义就是"有关城邦(polis)的学问",而"城邦"(polis)一词后在古罗马人那里被译成"civitas",而它正是后来"国家"一词的基本拉丁文语源。"国家"是一个富含人类想象力的领域,我们总是可以构想各式各样的"乌托邦",并祈求它们的实现,然而,在追寻这些美好的国度之前,我们首先必须拷问何谓国家,它为何与我们人类如此紧密地勾连在一起?它可以不存在吗?它的存在是否根源于某种特殊的人类本性?诸如此类的问题。"政治"的问题从根本意义上来讲是从国家问题中引申出来的。没有国家,则不会有政治。政治是国家的一种延伸。它不仅论及国家之内的问题,即作为国家学说(the theory of state/Staatslehre),还论及国家之间的问题,即作为国家间学说(the theory of inter-states)。而后者则不仅是一个国际政治问题,而且还涉及诸文化间的关系以及作为"族类"(human race)和作为"人类"(human being)而存在的人所面临的基本生存状态。本辑主题部分的两篇论文——德国法学家康特洛维茨的"国家的概念"以及拉什论述施米特的政治概念的文章——所论之话题便涉及这两个问题。

第二个层面的问题涉及基本的价值主张或根本性的政治原则。这包含了西方历史围绕着各式各样的"主义"——共和主义、自由主义、社会主义等——而展开的激烈论争。本辑主题部分收录的第三和第五篇论文便是在这个层面上展开的。第三篇文章是有关共和主义的讨论,当然,这里的共和主义并非古希腊或古罗马意义上的古典式的共和主义,也不是当代斯金纳、波洛克等所倡导的共和主义,更不是卢梭所代表的那种共和主义,而是一种康德式的共和主义。康德的共和概念有其独有的品格,他对于共和的理解和论述构成了他的永久和平思想的基础,同时也构成了德国式自由主义的基础,对于它的理解和阐发可以澄清诸多我们现在可能尚未予以澄清的问题。第四篇文章讨论了一个非常重要的概念——"公民美德",其矛头直指自由主义,准确来说,是"现代"自由主义。对于人类心智的"放任"是现代自由主义最为核心的特征。它原本试图通过区分外在的交往世界（国家、法律与共同秩序）和完全内在的个人世界（信仰和内心自由）来消除因宗教教义之分歧而引发的战争，然而该原则的不断践行却引领着我们走向一个内心不断被虚无化的世界。内心秩序对于政治秩序到底有何意义？它是否应当被排除在政治考量之外？等等诸如此类的问题或许在某种程度理应再次被提上思考议程。

　　第三个层面的问题则涉及"制度"。当然这个"制度"是就最基本的制度设计而言的，我们也可以将其称为"政体"问题。当然，"政体"一词太过含混，有时，我们用"宪制"（constitution）来加以称呼或许更为妥帖。当然，任何的一种宪制，或如英文原词"constitution"所表达的含义——"最基本的构成方式"——所表示的那样，它首先总是预设着一种基本的价值主张和政治原则（亦即我们在此所谓的第二个层面的问题），它塑造着某个特定的共同体的基本构成样式。所以，第二和第三个层面的问题是同一块银币的两面，它们互为表里，前者更关乎"精神"，后者则更关乎"制度"。在古代世界，这个最基本的构成样式，亦即基本制度构架，就是所谓的君主制、贵族制和民主制，当然还有围绕着它们的混合政体之论述。自现代民主观念盛行以来，这个宪制划分框架基本已经被废弃。然而，潜藏在上述划分，尤其是潜藏在混合政体论说中的基本思想所赖以为凭的并非以"自我统治"为核心的合法性观念,而是针对人类社会固有的统治现象提出的"如何更好地治理一个共同体"这一思想。在民主思想大潮席卷世界的20世纪乃至我们今天,这些已经被"废弃"的思考框架是否真的已经过时而不值得再去问津或许仍未有定论。主题部分第二篇文章所论之主题便涉及这个层面。当然,编者在旧文重刊一栏还收录了民国初年张东荪先生论及类似主题的一篇长文。

在主题部分之外,本辑还收录了对圣母大学教授赫斯勒的一篇访谈。这是他来复旦讲学时本刊编辑对他的一个专访,主要围绕着他的重要著作《道德与政治》而展开,论题涉及政治、国家以及自然法。本辑还收录了维多利亚(Francisco de Vitoria)的一篇长文。维多利亚是16世纪西班牙经院主义哲学的开创者,他的《论美洲印第安人》被誉为现代国际法的开山之作,在此收录的文章是他对阿奎那《神学大全》中"论法律"部分的一个讲解。同时,这也是他的著作第一次被译成中文。

国家、战争与现代秩序*

理解和把握自身的现实处境往往是我们得以展开进一步行动的前提。这一现实处境在某些方面是历史性地形成的,而在另一些方面则是当下涌现出来的。我们往往用"现代"(modern)这一既表征"时间"又表征"特性"的概念来刻画这一普遍处境。在时间上,它将它自身区别于"传统"与"古代",并以一种"进步的历史观"来替代一种"退化的历史观",从而,"未知的未来"成为我们竭力去追求的目标,"远去的过去"这个原本被模仿和追求的对象现在被倒转过来,成为一个被我们看成是已经历过且已被我们克服和超越的东西。在特性上,它在各个不同的领域实现了一种对于传统的普遍批判。首先是对于整个世界秩序的看法,那个有着共同目的的一体性的宇宙被分割成两个不同的领域,一个是人事的世界,一个是自然的世界。原本被看成是遵循自然秩序的人事,现在以某种激进的方式被独立出来,它不再把它自己看成是自然而然的,相反,它把它自己看成是一种通过其自身

---

* 本文为笔者为《国家、战争与现代秩序》(《法哲学与政治哲学评论》第 2 辑,华东师范大学出版社 2017 年版)一书撰写的卷首语。

的意志而被创造出来的独立的秩序,这既包括法律和政治,亦包括道德。

由此,这一与"自然"的脱离,实现了道德、政治和法律领域的全面的革新。首先,道德的重心开始从"德性"往"自由"转移:道德的核心不再被看成是对于自然性情的塑造(德性),而被看成是一种通过其自身而实现的对于其自身的塑造,由此,自由这样一种自我建构的能力便被凸显出来而作为道德的核心要素予以讨论。自由的凸显赋予个人以某种脱离自然这一统一体的独立性,并进而生发出政治和法律领域的革新。自由、个人以及独立性的凸显将原本那个被"自然目的"所统合起来的世界以某种原子式的方式彻底地碎片化。一方面,目的不再被看成是一种"共同"的"内在于"人自身的目的,而是被看成是"个人"的目的,只属于某个单个的个体。由此,原本立足于自然目的的道德的普遍性受到根本性的质疑和抛弃,人们或是去其他地方寻找这种普遍性,或是索性以某种相对主义来替代它。另一方面,伴随普遍道德之崩溃的是个体间冲突的凸显,既然道德无法保证这种统一性,那么就只能诉诸道德之外的力量,此时,政治这一原本被道德所吸纳和归属于其下的力量便分裂出来,以作为这种外在的力量来应对这一危机。由此,政治不再去诉求"善"(good)这一极富道德意涵的概念来作为它的目的,而是代之以旨在消除冲突和战争的"和平"。作为政治的一个附属品,法也不再像以前那样把它自己理解为是为了促成某种共同善(如阿奎那对于法的定义那样),而是把它自己理解为是为了保障某种和平关系,也就是说,它不再关心人的内心秩序,而仅关心人与人之间的外在的和平关系。所有这些对于道德、政治和法律的理解构成了我们现在所置身的这一现代秩序的核心,在其中,个体、战争、和平与国家等等概念既构成了我们理解现代秩序的基本框架,也型塑着我们的现实处境。

80年代之后的中国以及中国的思想界以某种近乎激进的方式接受了这一对现代秩序的基本理解,并沿循着这一秩序的基本逻辑而进行着某种自我的型塑,由此,在这一型塑的过程中也展现出某些由这一逻辑所必然带来的固有弊病。自由和权利被当然地理解为是一种可做任何属于自由和权利范围之内的事情的权力,道德的个体化则削弱了普遍的道德感,并进而生发出怀疑主义和相对主义,责任和义务的意识在这一基本的氛围之下逐渐被弱化和祛除,由此而使人的生活渐渐为娱乐所取代,没有严肃的东西,没有应必须予以履行的东西,一切都只不过是利益的一种交易而已。这一基本的道德境况进而扩散到政治和法律领域。替代这种虚无主义的是一种以强力为基础的法律观,法律不是任何其他东西,而是国家制定的产物,除此之外,没有任何东西具有与之相类似的约束力。并且更令人感到惊讶的是,国家所制定的不是它自身所认为属于其自身的东西,而是那个应予以模仿且有着理想色彩的西方的法律体系。由此,这两种原本看起来近乎对立的要素被糅杂在一起。这一强烈的有着固定内容的实证主义立场支配着 80 年代之后整个民族的基本法律意识。

施米特的传入,正是在这样一个基本背景之下,而其所引发的论争和挑起的激情也正赖于对抗上面所描述的这一基本的道德、政治和法律境况。对于"战争"和"区分敌友"的强调,让人联想到一种不同于娱乐的"严肃性"和"男人的英雄气概",对于"决断"和"例外状态"的强调,则试图攻击那个被原本糅杂在一起的东西,将之区分开来并一一予以击破。我们在法律的体系之外看到了一股强大的塑造力量,"人民"和"领袖"的概念被激发出来并散发出强大的解释力和现实感。对于施米特的关注乃至入迷,正赖于他为我们提供了这个时代一些被压抑、被忽视乃至原本被祛除掉的东西,并以之作为对抗现实和反思现实的力量。研读和思考施米特的理论,也正是在这一基本背景之下才具有其正当性和某种现实的迫切性。

本辑所讨论的话题聚焦于施米特的宪法及政治哲

学。自施米特的思想被引入中国之后，其首先被关注和被讨论的是他的政治神学。但是，施米特首先是作为一名宪法学家而出现在历史舞台上的，他与凯尔森、黑勒、斯门德等一起被誉为魏玛时期最重要的宪法学家，这几个人相互之间观念亦有纷争。他们之间的这些争论为后世人们研究那段历史，以及研究宪法理论及政治理论提供了非常丰富的资源。本辑所录之内容并不聚焦于国内比较流行的从政治哲学乃至政治神学来审读施米特的视角，而是试图从法学，尤其是宪法和国家理论的角度来考察施米特，将其置设在具体的历史背景，尤其是争论语境之中。本辑收录了黑勒、基尔海默、哈贝马斯等著名学者对于施米特的评论，以及著名的凯尔森学者鲍尔森撰写的施米特与凯尔森之间有关宪法问题的那场著名争论，同时亦有施米特本人的书信。从这些资料中，我们大致可以让国内学人看到一个从"法学视角"出发而予以看待的施米特。

国家的文化义务

——以国家图书馆为讨论中心

一

记得几年前,因专业研究上的需要,我在国家图书馆官方网站上搜寻一些书,其中一本是美国政治思想史学者帕特里克·赖利(Patrick Riley)著的《康德的政治哲学》(*Kant's Political Philosophy*),另一本则是汉斯·萨纳(Hans Saner)被翻译成英文的著作《康德的政治思想:起源与发展》(*Kant's Political Thought : Its Origins and Development*)。赖利先生是美国著名政治哲学家朱迪丝·施克莱(Judith Shklar)的学生,对卢梭之前和之后的主权问题深有研究,同时也是莱布尼茨政治哲学研究方面的权威。他写的《莱布尼茨的普遍法理学》(*Leibniz's Universal Jurisprudence : Justice as the Charity of the Wise*)是英美世界最早也是最权威的研究莱布尼茨政治哲学的专著。他的《意志和政治合法性》(*Will and Political Legitimacy*)则系统探讨了从霍布斯经由洛克、卢梭、康德一直到黑格尔的社会契约论传统。《康德的政治哲学》正是基于赖利先生精深的思想史研究而产出的一个成果。另一本书的作者汉斯·萨纳,是雅斯贝斯的学生,1962年至1969年间曾做过他的私人助理,在国际康德学界是个鼎鼎大名的人物。阿伦特在她的《康德政治哲学讲义》中曾赞许道:"论述康德的研究文献汗牛充栋,但论述其政治哲学的著作却寥寥无几,在这些著作中,唯一值得阅读的就是汉斯·萨纳的《康德的从战争到和平的道路》(*Kants Weg vom Krig zum Frieden*,E. B. Ashton 的英译本将其译为《康德的政治思想:起源与发展》)。"

尽管网站上的搜索让我感到非常沮丧,但我却尽量以这样的理由说服自己:可能是这些书太过专业,它们的读者群非常有限,图书馆正是考虑到这点所以没有收藏。然而,这些年来,尽管自己需要的书大多数都可在国家图书馆中找到,但是仍有一些书却没办法找到,只能拜托他人从国外带回来。尽管通过这些途径最终基本上都可以满足我研究上的需要,但是,我却对我之前所给出的理由产生了怀疑:难道国家图书馆的任务(使命)就仅仅是满足读者的需求?它作为"国家"图书馆,是否还需要承担一种更为积极的义务?

二

图书馆是一个储存信息的机构,它的目的是多面向的:既在于保存人类文化,也在于促进国民教育。在国外,图书馆通常根据所承担的不同职能而被分为不同的类型,诸如"国家图书馆""公共图书馆""学术图书馆""儿童图书馆"。图书馆这一形式自人类开始意识到其过往存在状态的重要性的时候就开始萌芽了。人不仅仅只是一个个体的存在,也不仅仅只是一个社会的存在,而且也是一个历史的存在。人类的历史以人类经验形式表现出来。这些经验形式或是以口头的方式,或是以行为举止的方式,或是以文字的方式被储存起来。言与行往往通过言传身教而代代相沿,其依赖于言行者本人的修为,因此它的传承性相对来讲是脆弱的。相对地,文字则较为固定。优秀和卓越的东西通过被注入文字之中,而具有了相对的稳定性。它通过储存文字的器物的相对不灭性而获得了一种相对长久的生命。图书馆的缘起便是要保存以此种形式而存在的人类经验。它通过一种集中化的方式而为人类提供了一个有着时间深度的人类经验库。因为每个人类个体都会死亡,代代相沿就意味着对于每个生命个体来讲,都必然要有一个意识经验成长的过程。因此在某一个特定的时间段内,人类现实所拥有的只能是整个人类经验库中被时下人们实际所抱持的经验,在这个意义上,它为人类的自我反思和成长提供了条件。

在古代中国,并没有现代意义上的图书馆,而只有一种将储存人类经验和进行教育融合在一起的书院。书院模式有着如下这样一种假设:现时代人的主要任务就是要传承古代圣人所确立起来的那些亘古不变的经典。这些经典以文字的形式而被储存在书籍中,通过阅读书籍,理解他们所传达的要义,从而沿循着他们的路向。在这个意义上,教育在根本上就被理解为一种文化的传承。然而,现代大学的建立以及他所传达的新的理念在根本意义上改变了人们有关图书馆的基本看法。这种新的理念建立在现代社会对于人类自身处境以及知识状态的不同理解的基础之上。在古代世界,知识是在德性的门类之下而被加以理解的。它并没有脱离人的德性而成为一种本身就值得去从事的活动,或者说,知识本身的扩展并没有成为人们追求的目的本身。

当现代社会开始意识到知识与人类权力之间的内在关联性的时候,知识便开始逐渐脱离德性而成为一种新的独立的东西。人们不再把知识主要看成是一种"传承",相反,它更为重要的是"创新"和"扩张"。在这个意义上,图书馆原本所拥有的职能被大大降低了,因为它仅仅保存人类过往的知识,承担知识扩张职能的将是另一种组织形式,即现代大学。现代大学和图书馆的相对分离,或者说当图书馆(书院)原本拥有的教育职能被现代大学占据了之后，它开始衍生出一种新的职能，那便是提供公共服务，亦即为大众提供文化上的消费品。由此，公共图书馆便应运而生。人们对于图书馆之主要职能的理解也便以此为依据。我们完全可以想象，就某一个地区而言，基于资金、民众的阅读层次以及资源的合理配置这些要素上的考虑，我们不可能去建立一个可容纳大量书籍的图书馆。在这个意义上，民众的需求起着根本性的导向作用。对于大多数人在一生中都不会去接触的书籍，我们没有义务也没有必要去收藏。需求决定着我们到底该收藏什么书。

然而，这种有关图书馆藏书的"需求论"观念是否也适合于国家图书馆呢？或者说，国家图书馆是否在性质上有别于我们通常所理解的图书馆或者说公共图书馆？

三

国家是人类的独有现象。无论我们用什么字眼——无论是古希腊语中的"polis"，拉丁语中的"civitas"还是现代英语中的"commonwealth"和"state"——来表示这个现象，只要有一个比较成熟的人类组织和比较开化的文明，我们就必然可以在那里找到国家的要素。无论它的组织形式以及其所遵循的基本原则如何有别于我们现代社会所普遍置身于其中的现代国家,有一点是无可置疑的,那就是它是一个相对独立的自成一体的组织体。它有它特定的意志,有将这种意志贯彻下去的特定程式。从根本意义上讲,它就是一个大写的"人"。它必须像一个人对待其自身一样对待它自身的处境,亦即对待它自己的存在状态。它可以把它自己规定为仅仅是一个保护性机构,从而使它自己仅只成为一个类似于守夜人这样的机构;它也可以把它自己规定为一个承担更多社会职能的机构,积极地促进公共福利。自由主义国家、极权国家、福利国家,所有这些都不是国家所必然要采取的形式,它们只不过是一个国家对于它自己的设想和对于它自身的规定罢了。或者说,一个国家是一个什么类型的国家依赖于它到底要使它自己成为一个怎样的国家,就像一个人到底想要使他自己成为一个什么样的人一样。我们说一个人不知道自己到底要成为什么样的人,是不成熟的,或者说是处于游浮状态的,那么一个国家如果不清楚它自己要成为什么样的国家,那样它也就仍然处于不成熟状态。走出这种不成熟状态,就是国家启蒙的重要议题。

这种不成熟状态在当下中国普遍地存在着,并在各个地方呈现出来。国家还未意识到它所要承担的义务,或者说还未通过其自身的意志将这些义务规定为它自己的义务。在所有这些义务中,文化义务是其中最为重要的义务之一。保存过往的文化,并将其中属于其自身认同的那部分发扬光大就是这种义务的重要议题。一种文化型塑着一个民族的特性,民族性的一个重要方面就是它属于一个特定的文明类型。但是一个文明并不是已经被规定了的(determined)存在,也就是说,它不是给定的(given),只要它尚处于生命状态而不是已经死亡,那么它就必然处于不断的自我规定的过程中。这种自我规定要求它拥有一种强烈的自我意志,从而不是消极地接受其他文明的成果,而是有意识地吸纳和同化其他文明的成果。他必须要去了解其他文明,与这些文明进行对话,从而为这种吸纳和同化提供其所必须具备的条件。就整个人类历史而言,没有任何一个文明永远都是单一和单纯的。如果它不知道如何使自身非单一和非单纯化,那么它就必然成为历史的一部分,停止继续向前迈进的步伐。因为就整个人类范围而言,文明不是属于某个群体或某些群体的,而是从人的最本质的根源处生发出来的,所以它是属于作为一个区别于其他存在者的人类存在者的。无论各个文明相互之间有着什么样的差异,它们必然有一种共同的性征。正是在这个意义上,文明的进程必然伴随着趋同和异殊这两条道路。这与现代社会在个人层面上表现出来的趋势是一致的。

文化的载体是多样式的,书籍是其中最为重要的载体之一。正是在这个意义上,我们可以说图书馆承担着保存文化的职能。当然,就文化总是某个特定的文化而言,一个国家必有其特定的文化。一个没有其特定文化的国家尽管在政治上是一个独立的主权国家,但是在另一种更深的层面上,它仍然是一个依附性的国家,亦即它必然要依赖于其他文化为其自身的存在以及它的行动的合法性提供理据。国家与文化的此种关联进一步说明国家在其存在过程中所承载的文化义务。它不仅需要继承基于历史因缘而被给予的文化(本土文化),而且还要积极地吸纳和同化基于同样的历史缘由而被给予的外在于它的异质性的文化(外来文化)。在此意义上,我们必然需要一个机构为我们熟悉和了解至少在目前而言仍带有异质性的但同时又是我们必须要去面对的文化提供帮助。我们可以说,这一机构的其中一部分就是图书馆,或者说就是国家图书馆。

因此,国家图书馆承担着两方面的义务。一方面是就自身文化而言的义务,另一方面是就外来文化而言的义务。就第一方面的义务而言,我们可以说,就该国国民所生产的知识产品而言,他们都有义务无偿地将其作品之复本储藏在国家图书馆内。就第二方面的义务而言,图书馆有义务为国民,至少为国内学人提供了解世界以及了解整个人类文化的条件,而不在于被动地等待国民提出这样的要求。换言之,国家图书馆不应该仅仅满足国民的需求,这种需求在大多数情况下只是应时性的,相反,它应着眼于国家文化建设本身,应该满足国民所有可能的文化上的以及学术研究上的需求。对于这么一个大国而言,没有收藏某些书籍不应该仅被看成是一件无关紧要的事,而应该被看成是一件理应感到羞愧的事。而致使人们抱持目前这样一种观念的根本缘由在于其潜藏在背后的运作原则——"需求论"——是值得怀疑的,或者说一种理应抱持的运作原则——国家义务原则——还尚未被提上其思考议程。在这个意义上,它对于其自身的性质以及未来的存在性状尚未形成一个成熟的观念。由此,我们也可以说,其运作原则不是立基于"国民需求"而是立基于"国家义务"的国家图书馆问题所反映出来的是一个更为根本的问题,那就是:我们应该如何来设想我们这个国家?它到底应该成为什么样子?简言之,这在根本意义上就是一个国家建构问题或者说一个国家启蒙问题,而这正是这个世纪我们所面对的最主要的也是最迫切的问题。

第三篇

语言与翻译

语言、文化与政治认同
——汉语与国家命运之反思

【按】本文作于十多年前，曾刊发于《二十一世纪》,①是就当时香港的一次事件及由此事件所引发的某些学者的言论而作的评论。因此，本文从某种意义上讲具有一定的时效性，十多年过去或许不再有意义。然而，在我看来，它所提出的问题对于当下中国之处境仍极为重要且迫切。语言以及它所承载的文化是一个政治体和生存于该政治体内的人民之自我认同的根本。如果不会使用汉语，不会用它来进行交流和思考，我们很难说我们是"中国人"，我们顶多可以说我们具有"中国血统"，也就是说，我们仅仅只是一种纯生物学意义上的"中国人"。当然，取消中文而代之以英文可能并非我们的现实处境。然而，这些年来，从教育体系到学术体系，这股潮流已然逐渐逼近。从提倡双语教学到要求双语教学，从鼓励发表SSCI收录论文到将其等级化，所有这些举措都在挑战我们的中文思考和中文写作。我想，如果有一天，中国的学者不再有能力用中文进行思考和用中文来进行写作，

---

① 原文题名《汉语命运，国人自我认同和语言政治学》，载《二十一世纪》（香港）2007年6月号。

或者，我们不再有能力创作一流的中文作品，或者，汉字不再具有渗透到我们生命体验中去的那种"魔力"，或许文化的败落就不再是一种可能，而是一种事实。此时，我们甚或只能说我们是"皮表性"的中国人。在这个意义上，如何保存汉语，如何使它继续发挥它的生命力并展现出思想上的力量，就不仅仅是一个文化问题，更是一个政治问题，是一个政治体要生存下去并表现出其力量所必须要面对的问题。

一

　　香港中文大学取消中文而改授英文教育的风波已逾一年。然而在此事件之中，除了某种情感的宣泄之外，人们对于事件背后的根由并未进行更为深入的思考和探讨。或许这在某种程度上是由于我们内地的这种英文化的倾向并没有像香港这样一个受外来文化影响甚巨的地方这样强烈，因此除了在此事件之中，国人所表现出的某种默然，以及对于港人所表现出的某种"离异"之外，人们并不在意甚至也不担忧我们自身的文化-语言所可能会遭遇到的那种挑战。因此，处于某种特定情势和地理环境之中的人就更有可能感受到以及窥视到我们这样一个文化-语言共同体在当下所可能遭遇到的某种危机，香港中文大学的关子尹教授在此风波发生不久就撰文,以德语在 17 世纪所遭遇到的挑战为参照,表达了汉语在当下世界之中所面临的某种危机以及针对此种危机而试图要加以解决的各种方式。

关子尹在此篇文章中认为,当下汉语,甚至其他各个民族的语言所遭受到的来自英语的挑战在根本上是"全球化"的结果,并且认为"在全球化的影响下,世上各民族语言一一向英语让步将无可避免。在英语的强势下,各种语言能坚持到哪一地步和能坚持多久,全是一文化动力学的问题。"①也就是说,文化-语言的命运在根本意义上是由"文化动力学"所支配的,强势的文化必然在其最终的时间意义上"战胜"甚至"支配"弱势的文化,并且在一定意义上,文化被看成是某种外在的超越于个人之上的"集体表象",是某种非政治性的,并且只是为这样几个主要因素所决定的"自主之物":一是"语言的群体的大小";二是"语言的历史文化沉积的厚度"。② 关子尹正是依据这样两个主要的判断标准来分析德语以及我们的汉语的历史命运:

---

① 关子尹:《现代德语的沧桑对汉语未来的启示》,节自《莱布尼兹与现代德语之沧桑——兼论"语文作育"与民族语言命运问题》,原文载于《同济大学学报》(社会科学版)2005 年第 1 期。
② 同上。

今日德语面对的压力是来自比当年的法语"块头"大得多的英语,情况便较不乐观了。幸好今日德语的历史文化沉积比莱布尼兹时代要厚实,因此德语面对英语或许还有一点角力的余地,但大概只能像联署者所说一般,但求勉力自保而已;最后如守不住,德语于学术上大概只能保持作为一种"对象语言",而终于丧失作为"操作语言"的地位,而德语未来将失去活力,更遑论创新。再看汉语:以中国地域之广与人口之众,单就语言群体的能量而言,已不容低估。再就历史文化沉积而言,中国数千年文化各方面累积的成果,将使汉语长久保持强大的竞争力。不少学者认为,当许多语言会相继被英语压倒之际,汉语将是为数极少的终于能与英语抗衡的语言。[①]

但是,这种"文化动力学"的解释方式是否确切地刻画了当下中国人所面临的外来文化的挑战以及在一定意义上限定了甚至于说是如同自然律则一般规定了我们自身之语言文化的历史命运?是否我们还可以找到另外一些更为根本的支配我们用此种解释方式来对现实进行解释的观念性的或历史性的因素?以及是否存在某种更为基本的东西在致使我们陷入于这种强-弱文化之争,而遗

---

① 关子尹:《现代德语的沧桑对汉语未来的启示》。

忘了某些更为基本的因素,例如政治本身?

二

关子尹对于汉语的忧虑,以及 17 世纪的莱布尼茨对于德语的忧虑,在某种意义上都预设了这样一个基本的前提以及基本的信念:一种语言是与一种文化同生的,并且也是一个民族自我认同的最为基本的因素。语言在某些生物学家那里可能只是某种加以交流的可能的工具,但是对于关子尹而言,语言不仅仅承载着当下的交流的功能,更为重要的是其承载着某种更为基本的历史-文化的功能。各个词语本身所意旨的那个表象,以及由此些词语所构成的话语所指涉的那些意义系统都在很大程度上是历史性的。因此,当人们开始漠视甚至于遗忘我们自身语言所承载的那些意义体之后,对于自身之确证以及自我之认同便随之受到严重的怀疑和挑战。其对于语言以及人之历史性的此种关怀与五四运动之时的新文化运动所促成的对于传统语言的敌视形成了鲜明的对比。在那个时代,所有的东西都被纳入这样一种对比之中:新-旧,以至于所有的现实性因素都被纳入"新-旧"这样一种模式的价值评价体系之中,并由此对于现实世界进行某种是非的规划。在这样一种"新人"观念的支配之下,所有的文化运动以及政治运动都在根本上与"历史"这个代表"落后"和"陈旧"的词语决裂。因此,正是这样一种作为现代性之一个面相的"新-进步"观念从五四开始就一直在支配着我们之于所有现实事物的看法。

尽管我们在这里可以看到关子尹对于语言之历史性因素的强调与五四运动的语言观形成了强烈的反差,但是同时我们也可以注意到,关子尹并未像对于五四之语言观之抗拒那样在抗拒潜在于五四之中的那种现代性的因素,并且相应地,在他论述汉语之历史命运之时,他完全地与五四共享着同样一种因素,即一种潜伏于五四精神之中的现代性-进步观念。他对于语言之历史命运所涉及的诸种因素进行分析之时,都潜伏着语言的历史进步观。"在全球化的影响下,世上各民族语言——向英语让步将无可避免","汉语将是为数极少的终于能与英语抗衡的语言"。① 在这样一种语言的历史进步观之下,历史的最终语言结构就是"英语-汉语"的某种最终的对决,而支配这种发展和决定这种最终对决的就是"文化的动力学"。但是同时,我们也可以看到,英语的此种在世界范围内的支配性力量是在这样两种相互交织的因素——现代性与自由主义——的共同作用下而产生并被不断加强的。同样,中国的汉语在当下所受到的外来语言,尤其是英语

① 关子尹:《现代德语的沧桑对汉语未来的启示》。

的挑战在根本意义上是"自由主义-现代性"的观念性支配所产生的后果，而并非某种"文化动力学"的自然后果。

三

在此，我将首先对于关子尹的"文化动力学"进行进一步的剖析，并且由此引出我所说的"自由主义-现代性"的观念性支配所造成的各种可能的诸如"文化动力学"的解释以及由此解释而导致的"去政治化"的倾向，以及由此而遗忘了原本可能对于语言-文化，甚至民族之生存更为根本的政治-国家因素。

我并无意于对关子尹的"文化动力学"的诸种构成要素进行具体的分析，而只是对其所依据的那种前提性的设定，即其所构想的那种"动力学"机制的基本形象以及支配他用这种模式来对语言进行此种分析的那种观念进行分析。关子尹认为，语言的这种文化动力学主要依凭这样两个要素：一是语言的广度，即"语言的群体的大小"；二是语言的深度，即"语言的历史文化沉积的厚度"。他认为通过这样两种要素之比较和分析，我们就可以对于语言之历史态势做出一种预测。很显然，关子尹在这里所处理的语言，就如同其所处理和测量一个自然之物理对象一样，通过对于它的质量和速度的确定而预测它未来可能的运动方向,如此,语言成了一个纯粹的自然之物,或者说成了某种超越于个体之支配之外的客观之物,任何个人和集体的意志性因素都被排除出去了,这样,"文化动力学"就实现了某种物理学的分析效果。

但是同时,我们所要继续加以追问的是,是什么东西在促使关子尹要对语言进行如此这般的分析?是什么东西在支配着他对于语言的此种想象?在我看来,此种语言观念的一个基本的根源是某种实证主义的经验性研究以及某种自由主义的政治学的观念性支配的后果。他潜在于整个现代对于语言的想象以及由此而促成的某种语言学的转向之中。

在此,对于这种语言观念的整体性批判并不是本文的主旨之所在,我所要表达的只是试图从这种语言观的一个面向,用某种"语言的政治学"来对于这种自由主义的语言观念的去政治化倾向进行某种检视。并且,试图阐明语言现象绝不是非政治性的,也不是某种超越于我们之上的客观之物,更不是某种我们可以不去认真对待的纯粹工具性的东西。

四

对于语言的困惑以及对它的哲学考察,在古希腊就显露端倪,但是现代对于古希腊的语言观念的关注在根本上接受了这样一种实证主义观念的前提性预设,从而以一种经验性的意识去观察他们对于语言的思考。然而,我们就此所遗忘的是,古希腊人在对待其语言时所表现出来的那种强烈的政治的自我意识,他们首先把会语言的与不会语言的区分为"人-非人",进而他们把会希腊语的和不会希腊语的区分为"希腊人(文明人)-非希腊人(野蛮人)"。从而,在他们的世界秩序中,在某种意义上是用语言(希腊语)来界分世界等级秩序的。因此,在他们那里,语言决不是一种无所谓的东西,也不是一种可以随便占有的东西,它在很大的程度上具有某种政治性的蕴涵,并且在根本的意义上代表了人在城邦中的位置,甚至于说是宇宙中的位置。这种"语言的城邦"所意味着的东西正是我们现代人所谓的某种"民族"的自我认同。只是在古希腊,他们的认同单元并不是某个"民族",而是某种"城邦",甚至于说是一个"希腊城邦共同体"。这样,对于语言的某种自我意识在根本上是与人的自我认同联系在一起的,并且由此是与某种政治联系在一起的。

对于此种语言观念的破除在一定意义上是与现代自然科学以及由此而主张的各种普遍化的要求联系在一起的。这种科学把语言作为一个客观的对象进行对象化的处理,并且把所有的语言置于同样的位置之上,排除其所拥有的"主观性"成分,并试图在这样一个"诸语言整体"之中,即在"语言"这个共同表象之下,来对"它"进行"客观"的分析,通过它的各种元素,以及它的各种影响因素而把其刻画为一个客观之物。这在哲学上的语言学转向之后就变得更加明显,语言取得了某种先验的位置,从外在的客观之物成为一种使我们得以可能的内在的客观之"物"。但是与此同时,这种转向也促成了我们对于语言的某种更为根本的关切,因为它成了那种使我们,甚至于使我们的存在——"是我们自己"——得以可能的条件,并且由此导致了这种语言观念起来反对自现代科学以来的语言观念,进而过渡到一种更为前提性的观念:语言的政治学。

我在这里所讲的语言政治学是与这样一种观念联系在一起的,就是认为语言不是一种纯粹的交流工具,亦即不仅仅是一种文化积淀而成的客观物;相反,语言在更为根本的意义上所关涉到的是人(民族)的自我认同,并且这种自我认同必须要通过国家-政治而获得某种自我的主张,或者用另外一种方式来讲,就是说这种政治因素在根本意义上是先于某种语言的经验分析以及客观存在的,并且从某种意义上看,"语言的政治性"是语言存在之得以可能的前提性条件,它相对于语言而言,总是一种先验的东西。

从对于语言的这样一种观念出发，我们再重新回到发生在去年的那场关于汉语-英语授课的风波。在关子尹看来，这场风波可能仅仅只是语言-文化之势力的一个较量——一种强势文化和一种弱势文化的较量——或者是一种优质语言和劣质语言的较量，因此，对于英语化的回应在一定意义上看就成为一种无所谓的东西，因为这种语言的较量在很大程度上依赖于"语言群体的大小"和"语言的历史文化积淀"，而这两个因素在我们看来是某种既定的、外在于我们意志的、完全无法对其有何作为的东西，并且即使我们有所作为，我们所做的也只是在于增加这样两个作为语言历史命运之衡量标准的量。因此，汉语-英语在很大意义上对于我们而言是同值的、同质的，仅仅可能只是某种偶然的因素而使得我们要保全汉语，发扬汉语，因为汉语不是一种"必然"要被淘汰的语言，而是一种为数很少的可以与现在占支配地位的英语相抗衡的语言。因此，汉语正是依据这种"必然性"（根据文化动力学而获得其存在根据的必然性）或"优质性"（其群体的庞大以及它的历史的悠久）而拥有被保有和被发扬的权利。

尽管关子尹对于汉语当下处境的忧虑不无道理，并且其恳切之处让人动心，但是，其对于语言的基本观念却在根本意义上没有关注到与人的自我认同、自我确证密切关联着的政治性，以及由此而可能被提出的一种"政治主体性的语言共同体"观念，这种观念要求群体之自我认同的一个根本前提是政治的自我主张，它要求某种政治的积极参与，民族的语言-文化决不是一个客观的问题，语言-文化的问题在根本意义上是政治的问题，是必须要通过政治积极参与进去的问题，"德国学界的联署事件"或许在一定意义上正代表了这样一种政治的积极参与。

当然，关于汉语-英语授课所引发的这些问题还远未得到充分的思考，本文所提示出的这些思考也仅仅只是由此事件所引发的问题的一个面向，并且由本文所引发出来的一些问题，诸如语言-文化-自我认同-政治之间的关系的问题也远未获得解决，并且需要在进一步对于语言和政治进行哲学反思之后才可能获得更为清晰的解答。

漫谈翻译

一、引子

我在这里谈论翻译,并不是准备谈论某种翻译理论,或者就翻译活动本身作某种思考。的确,就翻译本身来讲,是有很多由其自身所引发的问题,诸如翻译是否是可能的? 以及在何种程度上是可能的? 当然,这样的问题是翻译理论本身需要处理的问题,甚至可能是哲学需要处理的问题。我在这里所谈的翻译,并不是翻译本身的问题,而是某个特定语境下的翻译问题,也就是说,在中国这个特定的语境之下,我们为什么要从事翻译? 对于一名致力于学问(西学)的学者来讲,翻译真的有必要吗? 它对我们真的有所帮助吗? 如果翻译真有助于我们的学问,那么,我们又该如何做翻译?

当然,我之所以要谈这些问题是因为晚近学界所出现的一些现象和说法,我觉得可能是有问题并可能是需要予以反思的。一个是认为翻译没什么用,认为现在的学生几乎越来越能够直接用英语来看外文文献,因此,翻译变得越来越没用。另一种观点则认为,翻译并不创造任何新的东西，它根本不是一种学术的创造，所以，对于一名真正致力于学术的学者，没必要浪费太多精力在翻译上，这只不过是在重复他人的东西而已，对创发独到的见解没什么帮助。与这两种观点相伴而生的是目前学术评价体制在"论文独尊"的倾向下，对于翻译的贬斥。当然，在目前学术评价体系之下，没有把翻译活动纳入这个体系之中，就我个人看来，在某种程度上反而是"保护"了翻译，不至于因被纳入一个量化的激励机制，而使之"腐化"。因为，在我看来，翻译是"学术研究"和"文化艺术"的一种巧妙的结合，一旦被纳入一种平板式的、量化的生产机制，它的生产就不是一种"文化"的生产，而是一种"物"的生产，这严重背离了翻译的本性。

二、为什么要做翻译
——学者们为何不从事原创性工作而从事翻译？

在中国文明史上，曾有过两次影响深远的西学东渐及与之相伴随的翻译运动，一次是佛教的传入，这大概发生在两汉时期，在唐初达到鼎盛；另一次则是从清朝末年开始一直持续到现今的西学东渐运动。佛教的传入基本改变了中国人的很多观念，尤其是在哲学和民间信仰方面。但发生在 20 世纪初的这场西学东渐运动,其影响与之前佛教的引入是不可同日而语的。对于佛教来讲,我们更多的是用我们自己的文化将之吸纳进来,并对它进行改造,从而在某些文化领域,随之而发生改变。但对于目前仍持续着的这场西学引进运动,我们可以说,它不仅改变了我们基本的哲学和心性层面上的思考,甚至在政治、经济、法律等各个领域都已经取代了我们的传统文化所架构起来的基本框架。我们现在不再可能在周礼的框架内来思考基本的政治架构,也不可能在唐律的框架内思考法律,我们所依赖的据以判定和建构我们的政治和法律的是一套完全来源于西方的话语,诸如宪法、民主、法治、平等、自由等等。简言之,我们目前思考世界的基本方式就是"西式"的,因为我们几乎所有的主要的述说世界的概念,乃至日常生活中所使用的大部分用语,都是从西方引入的。

当然,我在这里并不想对隐含在上述这一文明演变史中的问题,尤其是对于其中的对错与优劣作出回答,而只是想表明一点:在整个文明的吸纳的过程中,翻译在其中起到了一个非常根本性的作用。我们甚至可以说,没有翻译的工作,这样的文明吸纳过程几乎是不可能的。翻译不仅扩展了我们的知识,甚至型塑了我们的思维方式、言说方式乃至做事方式。我们现代中国人在某种意义上来说已经完全"不同于"一百多年前的那些中国人，这并不仅仅是一个自然发展的过程，而是一个西方思想和文化引入的结果。当然，对于翻译在这样一个过程中所起到的作用，很少有人会对之产生异议。目前，针对翻译所引发的议论，主要集中在两个方面，一个是我们的外语水平越来越好，我们没必要再像以前那样看重翻译；另一个是学者们的工作主要是进行原创，而不是重复他人的东西，所以没必要花时间在翻译上。对此，我想做以下几点回应：

1. 首先是外语水平的问题。当然，与几十年前相比，我们年轻一辈学者的外语能力是大大提升了。同时，真正致力于学术研究的学者，确实应该看原文，尤其是他着力研究的那个领域的原始文献。但是，就我这几年从事翻译组织工作以及阅读国内出版的中文译著的经验来看，大部分学者的外语能力并没有如表面上看起来那么好，留德和留英美且拿到学位的学者，其翻译的质量并不如我们所期待的那么好。当然，这可能是他"不认真"的缘故。但就其中所表现出的有些问题来看，不是学术素养的问题，就是语言能力本身的问题。并且，目前能娴熟且全面深入地阅读外文文献的学者，仍然是凤毛麟角的。比如大部分法学学者，他们在历史学、心理学、人类学方面的阅读能力，或哲学上的阅读能力，显然会有问题。所

法哲学的视界

以,要获取这方面的知识,阅读译本是一个更为便捷且更有效的方法,而且对于大部分人来讲,在参互着中外文阅读的时候,与我们直接阅读原文相比,无论是从阅读速度还是从理解上来看,都更有效率。另外,能掌握多国语言,且能无障碍地阅读多国文献的学者,那就更少了。因此,就一个整体性的学术环境来讲,即便我们就单个人来讲,在外语能力上有所提升(当然,即便在这方面也并不是令人满意的),但就一个学术共同体或一个知识共同体来讲,我们仍需要大量且优质的翻译作品来弥补我们在原文阅读方面的不足,这种不足在一个很长的时间段之内是不可能祛除的。因此,对于那些认为目前年轻人外语能力已经很好,只需读外文文献,无须翻译的人来讲,不是视野狭隘,就是自视甚高。

2. 其次是原创的问题。我想从以下两点分别来谈:一是我们目前的基本处境,二是我们对待原创这个事情的基本态度。

就我们目前的基本处境来讲,我们大致可以用以下几点来加以概括:

一是我们尚没有我们自己的思想传统。中国文化从某种意义上可以说处于一个断裂期。传统的用语不再有效,或不被大部分人所承认,在我们据以建构或述说我们有关事物的基本理解的时候,我们所采纳的基本概念以及基本框架几乎都是西式的。[①] 在这一基本形势下,我们在很大程度上仍要大力地研究西学,消化西学,只有在这个基础上,当我们通过我们自己的经验、通过流淌在我们自己血液中的尽管已无法言说但仍能感受到的属于我们自己的文化,真正地把他们的东西变成了我们自己的东西的时候,我们才可能重塑我们自己的思想传统。

二是就目前来讲,我们尚没有能力进行"原创"性的学术工作。"原创"不是计划出来的,而是自然生长出来的。它依赖于丰厚的学术研究土壤。[②] 在政法领域,我们原先的研究原本就极其薄弱。在没有思想传统的基础上,靠着喊几句口号或生造一些术语,就宣言自己创立了一个学派或开发出了一条新的路径,这完全是一种痴人说梦。我一直认为,在我们这个阶段,我们最好慎言"原创",而多做一些奠基性的学术研究,尽管我们绝不能丢失"原创"的企图和抱负。

三是我们的西学研究还是极其薄弱的。在这一点上,中国的哲学界走在了其他很多学科的前头。他们经

---

① 尽管在哲学上,我们在过去 100 年做过很大的努力,但中国哲学概念仍然是脆弱和有限的,它们根本无法进入政治、道德、法律的一般性思考之中。或者说,这样的思考挺多只是"猎奇"式的,而没有成为一个主导性的权威,让各方以之作为标杆和矛头予以对待。

② 当然,在哲学领域,我们已经进行了 100 多年的工作,我们又有丰厚的传统思想根源,因此,在这个领域,在可见的未来,我们是可以期许会有原创性的作品问世的,并且这些作品有可能为我们未来的中国思想传统提供基础性的文本。

由好几代人的努力,已经在很多领域做出了开拓性的贡献。诸如已有好几代研究传统的康德、黑格尔研究,在晚近30年不断推进的现象学研究,他们翻译了康德全集;黑格尔、海德格尔、胡塞尔全集的翻译工作也都在稳步推进之中,所有这些都对当下的思想产生了深远的影响,并开始有逐渐本土化的苗头。但是在政法学界,尤其是法学界,尽管在90年代曾有过一波翻译热潮,奥斯丁、哈特、凯尔森、拉德布鲁赫、德沃金等等型塑着西方法哲学讨论的基本文献被逐一翻译进来。但晚近十来年,不管是翻译还是研究都有着极速萎缩的迹象。我们可以比较一下哲学界做的事情,比如康德的《纯粹理性批判》,至少被翻译了四个版本,他的《法权学说》至少被翻译了三个版本。这种通过研究不断改进翻译,通过翻译促成更深入研究的气氛在法学界是很难看到的。被我们称为当代英美法哲学核心的几个文本——哈特的《法律的概念》,德沃金的《法律帝国》《认真对待权利》,菲尼斯的《自然法与自然权利》,拉兹的《法律的权威》——其翻译质量都不是太好,有些甚至质量低劣。在这个意义上,我们如何可能来推进相应的研究?再者,我们看到哲学界所推进的各个思想家的全集的翻译,在法学界则更是少见。法哲学和法理学的研究和教育如果没有一些基础性的文本,没有对于一些奠基性的著作的研读,我们如何可能培养出适格的学生？我们应该做的是把主要的一些法学大家的作品成系列地翻译进来，比如哈特文集、德沃金文集、菲尼斯文集、奥斯丁文集、凯尔森文集、拉德布鲁赫文集、布莱克斯通文集等等，只有在这样的基础上，我们才可能推进我们的研究。

　　当然，对于翻译和系统翻译的强调，绝不是要撇开"原创"这个事情。首先，我们需要对西学研究有一个清晰的认识，也就是说，从长远的角度来看，我们绝不是为了研究西学而研究西学，我们的最终目的是要建构我们自己的学术和思想传统，用我们自己的语言，亦即汉语来述说和言说我们对于这个世界的理解。也正是在这个意义上，我们才说，翻译是重要的，不然，我们可以从小就操持着英语，使用着英语，用英语撰写作品，我们可以把汉语完全看作一个次要的语言，就像我们现在对于粤语、温州话等语言那样，我们只是把它们当作"方言"，而不是"普通话"——一个在我们这个政治共同体被普遍运用且型塑着这个共同体内所有人之自我认同的话语。如果我们不想如此，那么我们现在做翻译，把西方语言转变成为我们自己的语言，其本身就是一个为我们自己建立一个属于我们自己的传统的一部分，或者说，一个初始性的，乃至奠基性和开创性的部分。在这个意义上，翻译是为往后的原创做奠基性的工作。在这个意义上，至少就我个人来讲,翻译绝不是语言的一种转化,或只是让我们自己或他人能够看懂那些他自己看不懂的外文而已,而是有着更深层的文化奠基和重塑的功能。也正是这个意义上,我一直说,我们的学术翻译不是为了翻译而翻译,而是要为了研究而翻译,是为了塑造我们自己思考世界的概念和框架而翻译。这就是所谓的"研究式翻译"。

三、翻译在何种意义上有助于我们的学问? ——谈"研究式"翻译

上面,我已一再谈及翻译对于整个文化奠基和文化重塑的意义,这是一个大的宏观视角。但是从学者个人这一微观视角来看,翻译对于我们增进学问也是有着很大助益的。

恰如我一再强调的那样,学者们从事翻译不应该是为了"翻译"而翻译,而应该是为了"研究"而翻译,亦即他需要从事"研究式"的翻译。那么为什么这么说呢?就大部分学者从事翻译这件事情来讲,就其根本目的来讲,并不像翻译家为其自身所设定的那个目标那样,是要以"翻译为生"的,亦即把翻译作为一项事业本身来从事。从事学术翻译的学者们,之所以要做翻译,更应该是为了他自己的研究,或者说,有助于他自己的研究。人总

第三篇 语言与翻译

是有惰性的,在没有一种强迫式的机制存在的情况下,我们往往会"走神",会下意识地"忽略"困难的东西,这是学术阅读中普遍存在的现象,更是阅读外文文献的时候普遍存在的现象。翻译,其中一个最主要的功能,就是强迫着你必须对一些核心术语和核心论题做出细致的考究,迫使着你把这个概念想清楚,迫使着你把作者的思路理清楚,把作者的整体思考看清楚。在这个意义上,一项不是马虎从事的翻译,其本身就是一个研究的过程,而且是一个必须要面对各式各样的困难的过程,在这个意义上,翻译是最好的精读方式。而精读是我们做好的研究的前提。因此,翻译在很大意义上是有助于我们自己的学问的。在这里,我们可能尤其需要注意以下几个方面的问题。

首先,在翻译的时候,我们尤其需要关注对核心术语的理解和把握。任何一个思想体系,都是由特定的概念群或术语群构成的,概念是我们认识和理解世界的基本工具,也是思想家据以建构其自身的思想世界的基石。好的翻译和好的研究必然是以对于核心术语的良好把握为基础的。不同的思想家在使用同一个概念的时候往往会赋予其不同的含义和不同的重要性,而且,有些概念甚至是某些思想家所独有的,所以,恰切地把握和理解这个概念,是我们恰切地理解他们的前提,也是一项好翻译的前提。其次,与前一点相关,我们还需要在一些近似的概念之间作出区分,比如"morality"与"morals","obligation"与"duty","reasonableness"与"rational"。在很多不同的思想家那里,对于这些概念的使用都是有差别的。因此,对某些重要的核心术语进行区分并理解区分的根据,是我们据以理解相关思想家之思想的前提。最后,我们在做翻译的时候,还需要把握基本的学术和思想背景。翻译不是一种纯粹的语言转化,而是需要在全面和恰切地把握文本的整个论说语境的前提下才可能,因此,好的翻译必然以好的研究为前提。在这个意义上,我们可以说,就我们的西学研究来讲,研究与翻译在很大程度上是有相互促进的效用的。

语言能力与学术研究

语言是人之为人的基本条件之一。没有语言,一种以交往为基本特点的人类联合便不再可能;由此,我们也就无法想象在这一基础上才得以发展起来的文化、宗教以及法律和政治制度。在人类社会的早期发展阶段,因为地理和技术对于交往的限制,使得语言最初的形成往往是"自然的"地域性的,因为地理的阻隔而使得即便是相邻的区域也发展出了不同的语言;只是到了国家的形成,语言的这种"自然的"地域性分布才开始逐渐为"政治的"地域性分布所取代。由此,以政治边界为基础而形成了各个不同的语言区域,并在这一基础之上发展出了各种不同的文明,以及同一个文明内部不同特点的文化(现代欧洲文明内部诸国不同文化的多样性即依赖于现代民族国家诞生以来各国所使用的各自不同的语言,这些语言塑造了它们自己国家特定的文化)。由此,文化的交流以及文明的进程在很大程度上,既依赖于自身内部的活力,也依赖于对外部相较于他自己来讲更为强势的文化的借鉴、吸收与消化。这就是我们现在所在的世界在整个人类文化精神生活上所处的基本状态。这也是我们在这里之所以要谈论语言学习的基本前提之一。

当然,我在这里并不准备讨论一般意义上的语言能力和学术研究的问题。因为就我看来,不同的学科对于语言的依赖程度是不同的,因此也决定了在语言学习上的不同态度。比如理工科的研究,对于他们来讲,掌握英语即已足够,德语、法语的学习或许可能有用,但意大利语、西班牙语,乃至拉丁语、希腊语,就几乎没有必要去掌握了,除非是出于科技史的研究。所以,我在这里讲语言学习,主要是针对人文社会科学中的基础性研究,尤其是我自己专研的法学理论研究。因此,我在这里所谈的主要是以下两个方面的问题:一个是法理学研究是否需要我们掌握多门语言?另一个是我们对于语言的掌握到底应当达到何种程度?这两个问题其实是一个更具理论意涵的问题的两个不同方面,亦即在我们研习法理学并从事法理学研究的时候,语言在其中到底扮演什么样的角色?下面我就分别就这两个方面谈一下我的看法。

一、我们是否一定需要掌握多门语言?掌握哪几门语言对于法理学研究最有助益?

首先,因为法学就其本身来讲,是一个舶来品,所以,对于中国学生和中国学者来讲,学习、掌握并精通那些用以表达它们的语言是我们理解并消化它们的一个基本前提。但是,西方的语言与我们的汉语存在很大的差异。就汉语本身来讲,尽管各个地方对于不少文字有不同的发音,但是其文字的"书写"及据以将文字粘合在一起以构成语句的"文法"却保持着极大的统一性。与汉语不同,西方语言是以发音——言说——来作为书写的基础的,所以不同的发音和不同的言说习惯,往往会造就不同的文字乃至不同的文法。因此,到了现代民族国家兴起之后,西方语言以拉丁语系和日耳曼语系为主轴而发展出了各自不同的现代语言——如日耳曼语系的英语和德语,拉丁语系的法语、西班牙语、意大利语等。对于我们来讲,如此繁多的语种,我们不可能一一学习,所以,选择的问题是不可避免的。就我个人来讲,在作这样的选择的时候,或许有以下几点是值得注意的。

第一,就法学本身来讲,它在西方是一个源远流长的学问。即使不说它与哲学一样久远,至少可以说它与那部分讨论人类事务的哲学(the philosophy of human affairs)是相伴而生的,从苏格拉底和柏拉图对人事问题发起追问开始,法律便是其中最核心的问题之一(比如《理想国》所讨论的就是正义,《克里同》所讨论的就是守法义务问题)。但是,西方法学的昌盛期却是到了古罗马时期,罗马法学一直被看成是西方法学的源头,而且也是之后数个世纪西方整个法学思想的根源和灵感源泉,它的地位就好比古希腊哲学之于哲学的地位一样。因此,罗马法是西方整个法学的一个非常重要的基础,同样地,它对于法学理论研究也甚有助益,所以,学习拉丁文在某种意义上对于法科学生来讲是有极大必要性的。并且,我们也可以看到,至少到18世纪之前,大部分重要的法学作品,都是用拉丁文撰写而成的,掌握拉丁语对于我们研读并深入领会这些文本在某种意义上是极为重要的。

第二,自现代民族国家兴起之后,拉丁语便开始衰微并被各种现代语言所取代。因法学传统的缘故,在此之后的法理学或法哲学也呈现出不同的特点和特色:一个是以德国为主导的大陆法系的法哲学,从康德和黑格尔开始,经由萨维尼和耶林,一直延伸到当代的拉德布鲁赫和凯尔森;而另一个则是英国普通法的法哲学,从早期的柯克和布莱克斯通、霍布斯和洛克,经由边沁和奥斯丁,而延伸到当代的哈特及牛津法哲学学派。因此,我们大致可以讲,在拉丁语之后,书写法哲学思想的主要语言是德语和英语。所以,对于任何一位想致力于法理学和法哲学研究的学生来讲,这两门语言也是极为关键的。至少在我看来,拉丁语、德语和英语是研习法理学的时候尤其需要掌握的语言,因为用它们书写而成的作品几乎构成了西方法理学或法哲学最重要、最精要也是最普及的作品。但是，即便如此，把法理学或法哲学研究好与掌握这些语言之间的联系并不是必然的。在我看来，我们可能还要区分开来看。

首先，在我看来，尽管我们不能低估学习语言的重要性（因为如果我们不精熟地掌握其中一门西方语言，我们几乎是没有办法从事西学研究的），但同时，我们也不可高估学习语言的重要性。有人说，你只有掌握了我上面所讲的那几门语言，你才可能做好的法理学研究。我觉得这在某种程度上似乎有点过了。如果你专注于德国法哲学研究，在有良好德文的条件下，拉丁文和英文可能并不是必备的，尽管娴熟的拉丁文和英文会对你的研究有很大帮助，尤其是在研究德国早期法哲学的时候，掌握拉丁文对你的理解会有很大帮助。比如在研究康德法哲学的时候，你会发现，因为康德的很多法学术语取自拉丁语，而且他当时使用的最主要的一本教材——阿亨瓦尔（Gottfried Achenwall）的《自然法》——就是用拉丁文撰写而成的，康德正是依据这部作品来勾勒和思考他的整个法哲学框架的，所以掌握拉丁文对于理解康德法哲学肯定是有很大助益的。但是，如果你所研究的是拉德布鲁赫，那么对于拉丁文和英文的依赖程度就会明显地降低。所以从这个意义上讲，语言的学习在很大程度上依赖于你到底是在从事什么样的研究。

其次，基于同样的逻辑，有些人可能会作进一步框定：你只有掌握了德语，才能从事康德法哲学研究，或者说，你只有熟练掌握了拉丁语，才能从事阿奎那法哲学研究。这种看法在我看来，某种程度上也是绝对和武断的。掌握哪些语言，掌握到哪种程度，在很大程度上不仅取决于你从事什么研究，而且也取决于你所从事的研究的性质以及这个研究目前整个的研究状况。让我们再举康德法哲学这个例子。尽管在我看来，掌握德语对于研究康德法哲学来讲的确非常重要，但是，我们却不可以说掌握德语是能够把康德法哲学研究做好的一个必备条件。因为我们看到，康德法哲学研究基本上起步于 20 世纪六七十年代。而在这个领域，英语世界的研究状态到目前为止在某种程度上不仅不亚于德语世界，甚至有可能在一定意义上超过了德国本土对于康德法哲学的研究。所以，目前的研究状况是，阅读英文的康德法哲学研究作品成了研究康德法哲学的一个必备条件。所以，正如我在上文中所一再强调的有关二手文献的重要性的说法那样，要研究一个领域，除了研读原著之外，还要研读有关它的研究，正是这两个方面构成了一个完整的、活生生的、不断生产着自身的研究领域。而在我们学习并提升我们的语言能力的时候，必须要同时注重这两个方面，具备研读这两个方面的文献的能力，也就是说，我们既要学会原文所使用的那种语言,也要掌握目前最好的有关它的研究所使用的那种语言。这就是我在强调语言能力时想要表达的最核心的观点。也就是说,你要根据你所研究的对象,根据你研究的方式,根据目前西方整个研究的状况而酌情去学习和提升语言。因为人们从事学术研究的生命毕竟是有限的,在这有限的时间内,把精力投入你真正要推进的东西中去,这才是理应要做的事情。因此,对于初学者来讲,我的建议是,先学好一门现代语言,有余力可以进一步学习拉丁语。如果往后你准备去专研18世纪之前的法哲学,尤其是以拉丁文写作的那些个年代的思想,或许学习拉丁语就显得非常有必要。而如果你要从事现代法理学研究,尤其是准备专研法理学或法哲学最新的进展,或许最重要的还是要学好英文。

二、我们重点应当掌握这门语言的什么东西?以何种方式培养这种语言能力最为有效?

外语能力的评价可能是多方面的。听说读写,各方面都有它自己的一个评价标准。另外,我们国家还有英语四级、六级,英语专业八级等各式各样的等级评定标准。但是就学术研究来讲,阅读能力仍然是其中最为重要的。而所谓的阅读能力，并不是你在四、六级，在雅思、托福考试中拿了多少分，你认识了多少单词，而是你对于学术语言的娴熟且精到的把握。当然，这种把握一方面依赖于你的研究和你的理解，因为在你预先已经明了或大体上知道这些作品所使用的基本术语和采取的基本思路的时候，你对于这些作品的阅读就会变得更加顺畅。所以，这也是为什么即便是那些英语专业人士，在阅读和翻译学术著作时也经常会犯错误的原因之所在，因为他们没有思想本身的训练。所以，就学术阅读来讲，语言能力是同时包括这两个方面的：一方面是语词上的理解和语法上的把握，这是纯语言学方面的；另一个就是思想及专业术语方面的理解和把握。从某种意义上讲，在学术阅读中，这两方面都是不可或缺的。尤其是后一个方面，就这个方面而言，在我看来，也是目前中国学生和中国学者在阅读西方文献的时候最大的问题之所在。因此，下面我就谈一下这个问题。

（一）学术术语的正确把握

思想首先总是以各个重要的术语为支撑点的。不同的思想体系往往会有不同的术语体系，同时在各个不同的思想体系中，即便是同一个术语也会有不同的用法乃至不同的理解。比如在康德和凯尔森那里，他们就区分了"obligation"和"duty"；而在哈特和菲尼斯那里，则基本不作这样的区分。这里的区分与不区分并不是不重要的，而是他们思想的某些内在方面的差异的反映。另外，有些术语从古希腊开始一直被沿用至今，但其中却发生了某些根本性的改变，如果我们不明了其中的变化，不理解变化的根源，不掌握这些重要术语的"演变史"，那么，在我们阅读相关文本时，这些术语不仅会阻碍我们洞悉其中的一些要点，而且可能会让我们犯一些致命的错误。比如正义、意志、德性、国家、明智（prudentia）这样一些核心的概念，如果我们不熟悉它们各自的思想史背景，如果我们不在特定背景下去理解它们，那么我们就很有可能会张冠李戴。比如古希腊使用的"polis"，古罗马使用的"civitas"，现代早期使用的"commonwealth"，以及现在更常用的"state"，尽管都是国家的含义，但由于思想背景的不同，对其理解是完全不同的。同时，意志（voluntas）的概念在托马斯主义体系中被理解为"理性的欲望"（rational desire），从而使意志从属于理性的认知，而在其他体系中，意志却独立于理性的认知，而被看成是一种独断的规定，而这也决定了两种不同的自然法形态：一种是理性主义的自然法，另一种则是意志论的自然法。

因此在我看来，就这方面而言，目前汉语学术以及汉语书写的一个致命问题就是胡乱地使用术语，这种使用或是出于"一知半解"，或是完全凭借"感觉"。因此，当我们问及你所使用的这个术语到底是什么意思,或让之给出一个明确且清晰的界定的时候,使用者不是语焉不详,就是前后矛盾。所以,语言能力培养的其中一个关键就是要深入理解和把握西方重要术语的含义。这个能力的培养不是靠阅读几本书,或查几本字典就可以的,而是需要阅读大量的文献,并在此基础之上进行参互性的比较和融通。从而既明了各个术语在各自体系内的含义,又能理清其在不同体系间的差异以及差异的根源。正如我在前面有关思想史的论述中一再指出的那样,就中国学者研究西方学问来讲,概念史的研究是一个基础,也是一门基本功。它既是学术意义上的,也是语言学意义上的。

(二) 精读的能力

那么,对于此种语言能力的培养,又有什么有效的方法呢? 在我看来,学术阅读不是浏览性的,也不是娱乐性的,它绝不是了解情境和情景即可,而是需要深入到细节处,需要理解到至深处。如此,才可能有好的学术。所以,学术阅读的关键就是细致,而这种能力的获得和养成,也需要这种"细致",不放过一字一句。所以,就我个人的经验来讲,翻译式的阅读无疑是培养这样一种阅读能力的有效途径之一。因为在平常的阅读中,当我们碰到有点不明白但却又不影响大的理解的地方,我们往往会跳跃过去,或者在我们能明白大致意思的地方,我们往往都疏于或懒于再去考究一些术语的含义。但是在翻译中,任何一个细节的地方都是不能放过的,尤其是对于一些一知半解的地方,在我们没有办法用中文讲清楚的地方,很有可能就是你没有完全理解的地方。所以,翻译可以迫使我们去把那些我们原本可能会因为懒惰而逃避的问题搞清楚。所以,就语言的这方面能力的培养来讲,翻译无疑是一种极为有效的方法。

丛书总序四则

一、"自然法名著译丛"总序

从某种意义上看,一部西方法学史就是一部自然法史。虽然随着19世纪历史主义、实证主义、浪漫主义等诸多现代学说的兴起,自然法经历了持续的衰退过程,但在每一次发生社会动荡或历史巨变的时候,总会伴随着"自然法的复兴"运动。20世纪的历史便见证了这种"自然法的永恒复归"。

就自然法学说本身来讲,它是一个非常庞杂的系统,其内部的差异比人们通常所理解的其与法实证主义间的差异还要大。在此意义上,本译丛的选题将主要集中于以下三个影响最为深远的自然法传统:一是亚里士多德-阿奎那传统;二是格劳秀斯-霍布斯-洛克-普芬道夫的现代自然法传统;三是康德传统。他们分别依凭"人类完善""人类欲望"和"人类实践理性"这三种不同的基础来建构他们的自然法图景。亚里士多德-阿奎那传统文脉不绝,延续已千年之久,当代马里旦、耶夫·西蒙、菲尼斯都承继其学统;后两个传统则以各种不同样式生发出自然权利、自由平等等诸多仍对我们现代社会产生深远影响的学说,并以各种不同方式渗透到自由主义的话语中。在后来一波波的反实证主义的思潮中,新康德派的学说扮演着一个非常重要的角色。因此,理解自然法不仅具有"考古"的旨趣,对于理解我们现在所置身于其中的社会的性质及其运作机理也必不可少。

本译丛的主要目的是为汉语学界提供最基本的自然法文献,并在此基础上还原一个更为完整的自然法形象,这既包括它的历史形态,也包括它在当代的最新发展,进而修正汉语学界有关自然法的狭隘理解,从而促使汉语学界"重新认识自然法"。

自然法在首要意义上并不如我们通常所理解的那样是一种与法实证主义对立的"法律学说"。它首先是一种"道德学说",它所构想的首先是人自身活动的基本原则,并以此推演至有关国家活动的基本原则(国家学说和万民法),它既影响着西方人的日常道德行为,也影响着他们的政治活动,甚至亦影响着他们对于整个世界秩序的构想。这些东西经历千多年之久的思考、辩驳和传承而积淀成为西方社会潜在的合法性意识。因此,在自然法名下我们将看到一个囊括整个人类实践活动领域的宏大图景。正是在此意义上,本译丛将沿循一种"大法学"的观念,不仅将收录纯粹法学领域的著作,也将收录讨论道德哲学和政治哲学的著作。它们构成了"前专业化"

时代法学的基本图景。

　　经历法律虚无主义的中国人已从多个角度——法与技术(法律实证主义),法与社会(法社会学),法与政治(政治法学)——试图重新去理解法律。然而,法的道德根基,亦即一种对于法律的非技术性的、实践性的思考却尚未引起人们充分的关注,而这对于我们回答法律应当是什么却至为关键。如果说法(ius)是与我们自身生活息息相关的东西,一种合乎正当(ius)的生活不是强加的,而是慢慢生成的话,那么理解这些构成西方法学之地基的东西并将其作为反思和辩驳的对象,对于建构我们自身良好的生存秩序来讲理应是必不可少的。因此,希望该套译丛亦能为此尽微薄之力,也诚望学界同仁能够鼎力支持。

2012 年夏

二、"政治哲学名著译丛"总序

　　政治一直以来都与人自身的存在息息相关。在古希腊人看来,人有三种最基本的存在方式,一是思考世间各种物事,二是制作和创造新的事物,三是与他人的交往。第一种活动使人在智识上变得更加敏锐,第二种活动使人在力量上变得更加强大,第三种活动则使人在与人打交道的过程中更加深刻地领会何谓"人",从而使人变得更具"人性"。

在古典时代,无论是西方还是中国,在人们对于人类生活的原初体验中,政治都占据着一个核心的位置。政治生活被看成是一种最高的生活或是作为一个真正的人最该去追求的生活。在此,政治在根本意义上是伦理性的。政治与个人的正当生活(古希腊)或人自身的修养(中国)是贯通的。在政治生活中,人们逐渐明白在由诸多人构成的共同生活中如何正确地对待自身和对待他人。

残酷、暴力和支配这些在动物世界中同样也存在的事物在某种意义上也根植于这种生活,或者说,它们根植于在一个有限的空间中因不可避免的交往而引发的冲突。在过往这十多年内,国人一直在谈论"政治成熟"。马基雅维里、霍布斯、施米特成为人们热衷的讨论对象。这在某种意义上根源于对过去几十年内人们抱持的基本政治理想的反思。他们旨在批驳过往时日内人们在自由主义的号召下对于其所倡导的那些理念因怀持太过乐观的态度而表现出的某种丧失自我的幼稚。

但是,一个民族的政治成熟在根本意义上不在于它在力量上的强大甚或对现实处境的敏锐意识,而在于它可以给整个世界提供一种好的生活方式，一种在他人看来都该据以效法的方式。换言之，只有在人们不仅认识到残酷的人类现实，而且认识到我们可以根据一种正当的、好的方式来处理这种现实的时候，我们才开始在"政治上"变得"成熟"。如果我们尚未意识到人类生活的残酷、里面充斥着的暴力和支配，那说明我们还处于尚未成熟的幼稚状态，而如果我们在走出这种状态后还仍旧停留在尔虞我诈、无休止的权力争斗中，那说明我们还处于一种"动物性的"政治成熟状态，甚或一种野蛮的状态。而这正是人作为人在他的交往活动中通过对于人性的不断领会而应逐渐予以克服和摆脱的。

这一克服和摆脱野蛮状态的过程在某种意义上就是一个"启蒙"的过程，一个逐渐让人变得"成熟"的过程。在此过程中，个人的启蒙与国家的启蒙是同质且同时发生的，只有在人们开始逐渐运用自身的理智去思考什么是一个人、一个民族或一个国家该去追求的好的、正当的生活的时候，人们才开始在政治上变得成熟。在此意义上，现实的政治行动以之为前提的政治思考，或者说对于人类政治生活的反思就变得尤为重要。

在过去这十多年内，政治哲学在某种意义上已成为国人关注的核心议题。这在某种程度上根源于被实践了几十年的基本政治框架已呈现出各种缺陷，我们对于我们自身接下来该往哪个方向走已不再清晰明了。在此意义上，一种政治启蒙的态度或许尤为重要，无论是古典路向的政治哲学还是现代取向的以自由民主制国家为典范的政治思想都必须首先予以检讨。只有在这个意义上，我们才可能逐渐看清我们自身的道路到底在哪。而这在某种意义上也正是此套丛书的基本旨趣之所在。希望通过译介一些基本的政治和法律著作，使国人能够在一个更为开阔和更为基本的视域内反思我们自身的处境。

2014 年寒冬

三、"法哲学名著译丛"序

法学是一门关乎正义（ius）的学问。它一方面与道德相关，将那些可正当地予以强制的外在关系纳入其中，它所讨论的是个人之间及其所构成的共同体之间的基本伦理。另一方面，法学又关乎技艺（art），它是社会用以践行正义观念的具体手段，法学需要依赖这些技艺而将普遍的正义观念注入具体的人类事务中。也正是在这个意义上，人类发明了"实在法"（positive law）这个极富人类属性的概念。因此，任何一种适恰的法学都必然需要囊括两方面的内容：一是法的伦理，二是法的技艺。

本译丛是一套与"政治哲学名著译丛"相互表里的姊妹系列。在法与政治之间,有着千丝万缕的内在勾连。从古希腊对于政治的偏好,到古罗马和中世纪对于法的偏好,再到现代早期政治的再度复归,以及发展到后来的在"法治国"这样的理念中得到显现的某种综合,法与政治一直保持着既相互对立又相互依赖的关系。前者代表了人类对于稳定、理性和过晚事物的追求和依恋,而后者则代表了人类对于变化和未来的祈望。

在汉语法学界,法学基础理论的翻译自 20 世纪二三十年代即已开始,在 90 年代和 21 世纪初达到了一个高峰,诸多经典作品纷纷被译介进来。但是即便如此,两千多年的西方法学传统中,仍有诸多的名作没有被引入进来。本译丛试图接续这样一种努力,致力于西方经典法学作品的引译,以期为我们往后全面理解和研究西方法学提供一个基本性的准备。

2018 年春于牛津

四、"法哲学与政治哲学文丛"总序

在政治和法律的世界中,我们首先触摸到的总是各式各样的制度,恰如在自然世界中,我们首先触摸到的是各种实实在在的物质一样。人类理性总是试图超越这种直接的被给予性而寻求背后更基本的东西。由此，我们发现了物质及其活动背后的自然法则，制度及其运行背后的观念、利益、考量等各式各样的人类心智活动。然而，与物质不同的是，制度的存在并不依赖于其自身，而在很大程度上依赖于它背后的人类心智活动。法律和政治的哲学性思考就是对于这些人类心智活动的总体性理解，同时也反转过来型塑并在一定意义上支配着这些人类心智活动，由此以更为隐秘的方式型塑和支配着制度的运行和变迁。所以，在这个意义上，研习法律制度和政治制度，最核心的任务之一就是要超越这种直接被给予的制度性事实，进而深入其背后那些支撑着它们的基本观念。

眼下中国的法学界，不仅受制于狭隘的且严格限于学科划分的法学观念，认为它是一门独立且自成一系的科学体系，无须其他学科的支撑就可理解其自身，而且受制于一种极度实用化的法学观念，认为法学的首要目的就是"实用性"，法学教育的宗旨就是"职业化"。这两种既狭隘又肤浅的法学观念不仅让我们现在的法学变得越来越技术和庸俗，而且也变得越来越幼稚，它偏离了法学作为一门有关人类共同生活之基本原则的学问这样一种在古典世界一直被传颂的观念。因此，我们现在的法学不仅有着对于经典作家以及经典作品的极度忽视,而且对于那些涉足道德和政治的论题有着天生的陌生感。本文丛的设立即在于打破这样一种分隔,它试图让法学的、政治学的以及哲学的学者可以在一个更广阔的空间内进行共同的探索和对话。它不仅希望法学学者能够走出去,而且希望那些关注同样问题的政治学者、哲学学者可以不带学科分际地参与进来,进而对他们所共同分享其思想渊源的经典人物、经典作品以及经典论题进行共同的研讨、论辩和思考,推进汉语学界有关这些人物、作品以及问题更为深入的理解和把握。至此,我们也诚望学界有更多的声音和力量参与进来,支持这套丛书。谨为序。

2017 年夏于上海

第四篇

学问与人生

我与学术的缘分

——一段反思录

近日《学术与社会》的雨磊兄邀我撰写一篇有关博士论文写作经历的文章。我思前想后,想想论文的写作已是六七年前的事情了,而现在自己不论在学术的方向上还是在研究的旨趣上与之前相比都已有所变化。因此,围绕着博士论文的写作而去撰写一篇多少有些回忆性质的"回忆录"似乎显得有点多余。不过,如果撇开那些已发生变化的被自己作为研究对象的素材,而仅只着眼于自己一直坚守的学术道路和学术路向以及对于学问的基本看法,或许去撰写一篇"反思性"的"反思录"还是有些许意义的。这不仅是对于我自己的检讨,也是对于往后我要继续走的路的一种检视。如果"反思"是一名学者理应不断予以践行的活动的话,那么撰写这样一篇文章不仅不会显得多余,甚至可能是有必要的。

一、成长

(一)"早熟"的中学时代

现在大学里流行着一种在我看来多少有点荒唐甚至

可能有害的观点,即认为本科生没有足够的能力去接受一些抽象的理论。这种倾向在本科法理学教学中尤其明显。所以,老师们越来越多地避开去讨论纯理论的东西,不是通过案例就是通过故事,试图把抽象的思想变成一个个鲜活的事例,以便让学生更易于去把握。我们不能否认这样一种初衷的善意,也不能否认它作为一种方法的可采性。但这样的倾向已越来越多地使课堂变得没有挑战性,进而越来越遗忘教学所应保持的那种必要的"张力"——把学生往上"提拉",而不是让教学变成一种迎合学生趣味的无任何挑战可言的"听书般的享乐"。同时,就我自己的经历来讲,一个正常人的抽象思维能力以及他的最基本的思辨能力在中学时代其实就已经开始萌芽了。如果说我们在中学时代就能应付那些现在我们都已无法再去解答的数理化问题,那么我们有何理由说那些抽象的哲学思辨无法为他们所接受呢?我一直觉得,教育和教学就是妥切地助推着我们"内生的思辨能力"向它原本所应具备的那种"规模"自然地生长开来,虽然不能过早及过劳地去开发它,但同样重要的是,也不能过迟或放任地不理睬它,否则,它就会萎缩和败落。

对我个人来讲,与学术和思想的最早的接触,或许就是在中学时代。不管那种寻求思想或学术的动力是起因于某种困惑或迷茫,还是起因于想克服这种困惑或迷茫的冲动。总之，在自己的记忆中，那个时期最典型的特征就是心灵深处的"躁动"，因为对于那个年龄的任何人来讲，未来总是充满着无限的可能性，你所迈出的每一步都会塑造并决定着你以后会成为一个什么样的人。我向学术和思想迈出的最初的一步是我对于"严肃生活"的体认。记得一次班主任在讲台上讲了一个笑话，全班同学都开怀大笑，而当我正张开嘴巴准备发笑的时候，却被一种莫名的感受打断了，并牵引着自己发出这样的疑问："我们为什么笑呢？这真的有这么好笑吗？"那是我第一次体会到在日常生活背后的那些"不日常"且"严肃"的东西。当我们把自己从这个日常背景中抽离出来，并把自己放置在一个外在的视角上的时候，我们会发现我们的生活其实充满了很多值得怀疑的东西。我们总是把日常看成理所当然，你只要循着"大流"跟着走就行，无须"费力"地思考。在某个可以随波逐流的地方，做这样一个"奴隶"其实是最快乐的事情，因为这不需要任何额外的思想劳作。而如果你要走出来重新思索一番，想想你为什么要笑，为什么要有这个举动，为什么要去做这个事情，那么，你不仅会体会到那种随波逐流式的"庸俗"，也会体会到"做一个不同于他们的人"的自豪感。恰恰是这种自豪感刺激着自己去找寻那些与这种体验相吻合的东西，并尝试着以此来"驯化"自身。

　　我父亲是一个喜欢读书的人,尽管在政府部门工作,但却与现在很多常见的公务员不同,对于老师和书籍有着一种特别的尊重。我总觉得他在骨子里是一个读书人,如果不是当时的家境或是由于社会的风气,他原本应该也会走上读书人的道路。所以,那个时候,我们家里就藏有好一些书。尽管我父母从小到大在学业上从来没有怎么管过我,但看到我经常翻阅这些"课外书",也会说上一番,认为这是"不务正业"。所以那个时候,我总是把书偷偷地从书柜中翻出来,然后藏到自己的抽屉里,关上门,一旦听到敲门声或走路声就急忙把书放回去。记得那时看了不少书,不过很多书并不对自己胃口,而真正触动自己心灵的正是那些与自己所寻找的"严肃生活"相吻合的有关修身养性的书籍,其中让我印象最深的就是《围炉夜话》《菜根谭》和《呻吟语》。尤其是最后一本书,我几乎花费了一整本笔记本的篇幅把那些在我看来写得深刻的语句誊抄出来,时不时地去回味并以此自省。在这里,让我感受到的不是"知识"的"快乐",而是那种因为把言辞作为自己的生活予以践行而让自己的"心灵"变得越来越"安静"的"幸福"。所以现在我重新回想起来,自己后来对于中国古典思想所一直保有的亲切感以及对于那种只是把学术作为知识看待(当然其后果就是很容易会背离学术的初衷)的做法的拒斥,不能不说都是那时所种下的种子。

(二)"叛逆"的高中

如果说初中对于学术所抱持的还只是一种"感觉"的话,那么对于学术的真正的认识就是在我的高中。高中三年,对我自己来讲是个"叛逆"的三年。其他同学一般都是顺沿着学业很正常地前行着。而就我自己来讲,所走的很大一部分是跟他们不一样的路。

因为我家住的并不是县城,所以到了高中我就跟另一个同学一起租住到了学校旁边一户人家家里。也正是因为是县城,所以也就多了很多文化设施,尤其是有了书店,各式各样的书店。记得那时自己最喜欢干的事情就是逛书店,几乎每隔一天就会去,与其说是为了看书,不如说是为了买书。最开始买的是当时非常流行且作为畅销书销售的《苏菲的世界》《时间简史》等等。但一段时间之后所有这些就都被我抛弃了。我觉得那个时候自己有着一种强烈的求知欲,对于书籍的期待已不像初中那样希望它可以打动心灵,而是急切地想看一些更"高深"的书,不管是数学、物理方面的,还是其他方面的。在课业之余,我开始自学大学的数学和物理,尤其是微积分,那时发现用微积分解答高中的一些难题几乎一步就可以完成,所以那时一直想不明白为什么还要用其他那些费力的求解方法而不学这种更"先进"的东西。不过这方面的学习也给自己在这两门学科的学习打下了很好的基础,以至于后来在学业上的荒废没有让自己考不上大学。

真正改变我的学习轨迹的是我开始接触到当时中国学界一批学术中坚撰写、编辑和移译的作品。在一次逛书店的过程中,我无意中抽出一本灰色封面的书籍,看着名字极其古奥——《熊十力的新唯识论与胡塞尔的现象学》。我翻看之后,发现根本看不懂,不过却已感到自己要找的就是这类书。此后便开启了自己狂热的学术阅读。当然,那个时代既没有现在方便的网络购书,也没有可查阅的书目清单,而且更现实的是,在这么一个小县城里,怎么可能会有老板去购置那些没几个人会阅读的哲学书籍呢?不过让我感到庆幸的是,在这个四面环山、交通不便的小县城,确实有这么一个"前卫"的书店,它的老板原是一个老头,后来由他的儿子和儿媳继续经营,也不知道为什么,这个年轻的老板特喜欢购置一个名叫"刘小枫"的人的书,不管是他写的,还是他编的,抑或是跟他有点沾边的,他都会购买一两本过来,当时说是在上海那边比较流行。所以当时,由刘小枫和甘阳主编的一些刚刚出版的书就开始进入我的视线,其中有北京三联出品的"学术前沿译丛"和"社会思想译丛",当中有法国年鉴派的三卷本的《家庭史》、吉登斯的《社会的构成》、埃利亚斯的《文明的进程》（第一卷）、舍勒的《价值的颠覆》、布罗代尔的《资本主义的动力》、詹明信的《晚期资本主义的文化逻辑》。同时上海三联出品的一套"二十世纪人类思想家文库"也同样吸引着我的视线，虽然好像还没出几套，但从书的勒口处，我已得知了很多重要的人物（不过后来也只是出了几种就没有再继续了）。印象最深的是购买由孙周兴主译的上下册的《海德格尔选集》。因为当时父母给我的零花钱并不多，而这套书则需要70多块钱。来回书店好几趟也没下决心购买。后来是我的姑妈给了我钱，大中午冒着大太阳就直奔书店把书买了回来。除开这些翻译的作品外，还有另外两套国内学人撰写的学术丛书让我印象深刻，一套是上海人民出版社出版的"当代中国哲学丛书"，对我影响至深的是之前提到过的张庆熊先生撰写的那本《胡塞尔》，还有就是张汝伦先生撰写的《历史与实践》。在最开始的时候，我几乎是每天早晚都捧着张的《胡塞尔》一书，琢磨其中出现的各式各样从来没有看到过的术语以及那些有关意识的奇怪但又有意思的说法。而张汝伦的这本《历史与实践》则是我在稍晚之后购买的，或许那个时候也是刚刚出版。张书对于一些核心概念——诸如理性、实践——的梳理以及对一些核心人物——诸如康德、伽达默尔——的处理让我印象深刻，而且书尾大量的外文参考文献让自己悠然产生以后也模仿之的冲动。《历史与实践》一书,我从高中开始一直看到大学,翻看过不知多少遍,有些纸张都被自己翻破了,不仅被作者的博学所折服,更是觉得学问就得这么做。不过,后来我才从孙周兴老师的一篇文章中得知这书的大部分内容是从德文版的《哲学历史词典》抄录的,这不免让人感到有些唏嘘。不过对于年轻的我来讲,这却是一段非常美好的阅读经历。另外一套让我印象深刻的丛书是北京三联的"哈佛燕京丛书"。当时我把所有能买到的都买了,尽管没几本,而且当时最想买的倪梁康先生的《现象学及其效应》一直没买到,只是后来到了杭州上大学的时候才买到。不过让自己着迷且真正进入语境中去的则是杨国荣先生当时刚刚出版的《心学之思》。记得当时看书的状态是真正入局了,是整个地被吸引进去了,现在想来,或许这种谜一般的感受是对于初中阅读经历的一次升华,让原本懵懵懂懂的感觉有了一个可用规范用语述说出来的机会。

高中时期对于学术的全面接触让自己有了基本的人生路向,那就是想着以后做学问。这是一个坚定且再也没有被改变过的决定。而那时,那种不想把过多时间投放给"考试"和不想为了一个"好结果"(考上好的大学)而浪费大量原本可以阅读思考的时间的"吝啬"和"倔强"也让自己在后来的人生道路上吃了不少"苦头"。

(三)"不得门径"的大学

因为花费在学术阅读上的时间过多,差不多高二一年,我的时间都花在看自己买的书和查阅图书馆的百科全书等资料上,以致自己的成绩直线下滑。面临考不上大学的尴尬境况,并在家人和班主任的劝服之下,自己作出了妥协。在高三这一年,我把精力又重新放回到了考试上。不过荒废的课业并不能马上都能补回来,最后是跌跌撞撞地考上了大学。不过所幸的是,尽管那个时期大学已经开始扩招,但校园却还尚未跟风式地搬迁,所以我的学校还是留在了文教区,距离当时的浙大文科主要校区——西溪校区(原来的杭州大学)并不远,隔着两条街,骑个自行车十分钟就到了。所以我的大学生活基本上是在宿舍和西溪校区之间度过的,上他们的课,听他们的讲座,俨然把自己看成了浙大的学生。21世纪初的中国学术界,总体的气氛还是不错的,那时还没有流行我们现在各式各样的考核和评审。老师们没有必须要做的课题,也没有必须要发的论文,发布 CSSCI 目录的南京中国社会科学评价中心也是刚刚成立,更是没有产生像现在这种支配性的力量。所以当时的学问还是非常"潇洒"的。记得一次听孙周兴老师的讲座,当他披着一头长发出现在讲台上的时候,坐在报告厅下面的女生都惊呼起来,原本拟好的有关尼采的讲座,也是被他临时换成了讨论存在问题,而且后面讲着讲着就整个人坐到了讲台上。这种潇洒和轻松可以被看成是当时中国学术总体气氛的一个写照。

而就我个人来讲,大学是高中的一个延续,让那种强烈的求知欲在宽松的学业之余得到充分的释放。罗马法和民法是我当时学习法律时的最爱,而在哲学上,现象学仍然是当时自己最感兴趣也是最想弄明白的东西。不过,随着阅读量的增大,以及阅读哲学作品时的半懂不懂,让自己内心逐渐生发出"焦虑"和"恐慌"。这是一种"游离"在学术之外的感觉,想进而又不得进。那时有着各种各样建构哲学体系的想法,暑期之余就开始撰写一些文稿,记得那时还写了一篇好几万字的《法哲学》,把哈特、叔本华等等的一些东西糅杂在一起。不过这样的作法即便在现在,在我们所发表的很多学术文章中亦不少见。中国学人在研究西方学问时有一个在我看来最致命的问题,就是喜欢在尚未"吃透"文本和思想的情况下就贸然地发表"感言",或者更为致命的是,他们根本不在既有的讨论语境中去讨论问题,而是任由自己随意发挥。比如我所熟悉的对于康德法哲学的研究,其实西方康德学界在晚近几十年内,已经形成某些基本的问题,并且在这些问题的基础上也已形成一些基本的"争点",对于这些争点的澄清、论证和推进,甚至在推翻之前争点的前提下开设新的争点理应构成我们研究康德法哲学的基本路径。但是,目前我在很多期刊上所看到的有关康德法哲学和政治哲学的论述,基本都是在自说自话,或是根本不熟悉西方康德学界已经说了什么,或者根本没有读过相关文献,在对之一无所知的前提下,便"大胆"地发表各种"宏论",这不仅是幼稚的,更是危险的,而这样的学术,我们很难说是有"根"的,而没有"根"的学问,你把它"做出来",其所代表的顶多只是你的一种"感想"而已,而根本不能作为"学术传统"的"一环"而推进下去。对于这种现象,我所能给出的唯一解释就是,阅读和爬梳大量文献实在是太耗费时间和精力了,这不仅要求你要广泛和深入地阅读原著,梳理各种不同的线索,比较各种不同的说法,而且还要求你要广泛地阅读大量的二手研究文献,细致地梳理重要学者的观点、论证及可能的问题。而对于中国大部分学者来讲,这是一件吃力不讨好的事情。他们喜欢干的就是从中获得"灵感"并将之表达出来,从而在那"博学"之中展现所谓的"才华"。我在大学期间所强烈感受到的"游离"于学术之外,想进又不得而进的那种"焦虑""不满"乃至内心"发慌"式的"危机",让我深刻地感到"灵感式研究"的巨大问题。而这便迫使自己将分散的精力集中起来,去专研一个东西。而这样的专研,真正地开始则是在大学毕业之后考研的那一年。

因为考研的时候，为了提升英语，我专门购买了一套当时由中国社会科学出版社影印的费吉思编译的四卷本的《神学大全》，作为阅读和翻译练习之用。记得自己当时除了翻译《神学大全》的一些篇章之外，还把阿奎那早年亚里士多德哲学味甚浓的《自然原理》一文也译了出来，并从阿奎那的诸多论述中，弄清楚了自己之前在阅读哲学作品时碰到的一些问题，包括他以 action 来理解 being 的做法，让我看到了海德格尔的影子。这样的翻译、专研并由之而获得的解答在一定意义上让自己模模糊糊地感受到了一种做学问的基本方法，同时也给自己种下了后来对托马斯派哲学持续且浓厚的兴趣。而这个兴趣在后来正式的研究（康德）之外从来没有中断过，尤其是对于菲尼斯的研究，可以说是这种兴趣的一种自然的衍生。尽管这样一段研读经历让自己有所进步，但真正让自己踏入正式的学术研究，并坚定这样一种研究方式，则是在我遇到了我人生中的第一个导师——邓正来——之后。

（四）康德法哲学研究

我跟老邓（我们都喜欢用这个称呼）的缘分，在我看来并不完全是偶然的。同时，他对我的影响，也是深刻而根本的。尽管在他的基本想法和研究问题上，我们有不

法哲学的视界

同的旨趣,有不同的关注领域,乃至有不同的立场,但是在"做学问的基本方式"上,我基本上采纳了他的做法。这并不是说进入师门被"要求"以这种方式去做学问,而是这种方式的的确确切中了我之前"焦虑"和"不满"的根源,同时,在我践行这种方法的时候,让自己真正感受到了那种不断推进的进步,从内心深处,我自己已然认同这就是做学问理应采取的路径了(对于这种路径,我将在下节详细论述)。

跟老邓的第一次见面是在研究生复试的时候,当时他跟张文显老师是主面试官。面试一开始,我就把我在大学期间撰写的《法哲学》拿出来给他们看。坐在中间的张文显老师连连点头,并对此称赞了一番。但坐在旁边的老邓却对之"不屑一顾"。他问我,你读过什么书,什么书对自己影响比较大。我说是阿奎那,尤其是他的《神学大全》,并谈了自己阅读阿奎那的经历。对于这样的回答,相比于那部成文的书稿,他似乎觉得更满意。现在想来,当时他的那种反应是再自然不过了。他对那种印象式的、摘录式的、蜻蜓点水式的研究的天然的拒斥和不屑,现在也已然成为我自己的基本立场。

在参加完第一次师门会议之后,所领到的第一个任务就是确定研究方向,当时,我们每一个学生都被要求研究西方法哲学中的某个人物。会议结束之后,在楼梯上,我跟老邓讲,我想研究康德或者是阿奎那,现在还没确定。他不假思索地说了一句"康德吧"。这样的场景就像当年哈特给菲尼斯开列《自然法与自然权利》这个书名一样,没有进一步的对话,也没有质疑,而是开启了之后长达数年的研究。在中国当时的学术圈,康德法哲学研究几乎是个空白,没有中文的只言片语,也没有翻译进来的作品,甚至仅有的康德的《法的形而上学原理》一书也是一个不太好用的译本。一方面,哲学界对于康德的兴趣和研究一直局限在他的理论哲学和道德哲学,而没有扩展至他后期的《道德形而上学》,尤其是它的第一部分《法权学说》;另一方面,由于康德哲学本身的晦涩难懂,在法学界更是甚少有人去触及这个领域。所以,对我来讲,研究康德法哲学的整个过程几乎就是一个摸索的过程。刚开始的时候是听哲学系有关《纯粹理性批判》的课程,以便慢慢理清康德所使用的基本术语和思想框架,另外就是收集资料,包括从网上以及从各大图书馆(尤其是北大和国家图书馆)把涉及康德道德哲学、政治哲学和法哲学的几乎所有能找到的文献都找了回来。随后的多年,尤其是两次博士考试失利后留置在家的那段时间,因为没有任何打扰,所以我几乎就是在书海中度过的。那个时候,为了精细地阅读其中某些文献,也开始着手去做一些翻译,包括翻译了墨菲的《康德:权利哲学》

（此书后来在我就读博士期间出版），以及其他一些重要的二手文献，包括 Wood、Riley、Höffe 等一批康德学者的论文。这个过程是漫长和艰辛的，但同时也是快乐的，尤其是把有些问题想通了之后所获得的那种成就感。可以说，自己后来对于康德法哲学的基本理解以及后来所撰写的这篇博士论文的基本思路很大程度上都是在这个过程中慢慢形成的。而现在在我自己电脑里还留存有 30 多万字的康德法哲学研究论文的译稿。

　　总之，硕博士阶段对我来讲是一段美好的时光，尽管其中也有挫折，但是从另外一个侧面看也间接地给了我更多充裕的时间来看书、翻译、思考和写作。我总觉得，当一个人认定一个方向坚定地往前走的时候，所有那些所谓的挫折都是可以克服的，尤其是对于读书和学问来讲更是如此。因为学问在根本意义上是不依赖于任何外在的东西的，而只依赖于其自身。学问的好与坏不是靠发表论文的多少或刊物级别的高低，也不是靠你是教授或不是教授。学术只会遵守学术自身的标准，好与坏，高与低，真正做学问的人在内心深处是有足够判断力的。如果说，现实让我们感到无奈，那么作为一名把自己看成是学者的读书人，又何必在乎这个现实？相反，你真正应该在乎的，是你不要被这个现实所左右。我想这既是对于自己未来的一个要求，也是对我身边目前仍与我"战

第四篇　学问与人生

斗"在一起的志同道合的学友的一种期望。

二、学问方法

我想就我这些年有感于学问的方法与大家一起分享一下。我觉得学问是个整体的东西,一方面是学问要求得的知识,这是关于对象的;另一方面则是养成做学问的基本德性,简单来说就是做一名适格的"学者"。我一直觉得学者不是一个对人的现实现地的称谓,它是对一个"动态过程"的刻画——学者就是那个"在做真学问"的人。很多自称学者的人其实并不在做学问,或者是他所做的不是真学问,或者是他以前在做学问,而现在不做了,荒废了。就下一个问题,我想放到下节来谈。这节我想详细讨论前一个问题,就是我们如何求得那个学问,这是关于方法的。当然,因为学科的不同,做学问的方法也会有所差异,我在这里所讲的主要是就人文和社会学科,尤其是就法律、政治和道德的"基础理论"来讲,这也是我这些年来一直在做的研究。

(一) 精研

对于学问的总体方法,历代学者(不管是中国还是西方)都会有一个基本的共识——那就是"专"与"博"的"巧妙"的结合。至于如何专,如何博,如何将此两者结合起来,那便是一门艺术了。因此,我们可以说,这里是存在一门可以被称为"学问的艺术"或者"如何做学问的学问"的。每个学者基于其不同的做学问的方式(或不同的做学问的艺术)而成就不同特点的学问。有些学者偏于"精专"而失于"广博",有些学者偏于"广博"而弱于"精专"。有些学者不仅两者兼而有之,而且巧妙地结合之,这便有成就大学者的基本条件了。下面,我就我这些年对于这门"如何做学问的学问"的体会来谈谈我的看法。

1. 人物研究——一种事半功倍的研究进路

学问的精髓就是精专。没有精专是不成其为学问的。没有精专,我们也根本无法进入学问的门道。广博只不过是为进一步的"精专"提供条件而已。这是我自大学开始便已深刻体会到的道理。并且我也一直觉得,学问的路径理应是一个抛物线的过程,先是对某一个"点"的专研,从而可以顺着这个"点"跨进学术的大门;接着则是沿着此"点"做广泛地研究;最后再在这个广泛研究基础上"选择"一个契合你自己立场的"点"再精研下去。如此便会成就你自己的学问。因此,精研就是我首先要讨论的问题。那么如何精研呢?

晚近学术界流行着这样的说法。认为哲学或理论性学问的根本在于"分析"和"论证"(argument),而不在于对于思想家的思想的梳理。认为前者才是哲学,后者只不过是思想史研究而已。在豆瓣的一则有关我撰写的《法、自由与强制力》一书的评论中,评论者就认为这书更是一部思想史研究的作品,旨在梳理康德这个思想家有关法哲学的基本看法以及介绍康德思想的基本背景,认为这是"思想史研究,和哲学关系不大"。下面我想就与之相关的几个问题作一个总体性的回应。当然,眼下中国学界,尤其是法学理论界,对于人物研究的非议,除开这些值得回应的严肃的批评(在这个意义上,这样的批评是值得回应的)之外,更多是一种非理性的拒斥。

(1)人物研究到底是在研究什么?它不仅要弄清楚他在讲什么,而且也要弄清楚他为什么这么讲,以及更进一步地研究他理应怎么讲

人们对于人物研究的一个普遍的误解就是认为人物研究就是人物"介绍",就是对于他的思想的一个介绍,当然如果从更深一层讲的话,就是对于他的思想的"梳理"。"介绍"这样一种学问的方式,是近百年来西学引进运动中一个特有的现象。这与这个特定的历史背景相关,我们之所以要做这些介绍,是因为我们对于他们了无所知。甚至我们可以说,在我们对之无甚了解的阶段,介绍不仅需要,而且必要。但是,介绍多了,久而久之,那些看着介绍的人就逐渐形成这样一种看法:人物"研究"就

是思想/人物"介绍"了。然而,如果我们翻看西方的学术著作,就会清晰地看到,他们有专门的介绍类书籍,比如 Contumuum 出版社出版的一套 Reader's Guides 的丛书,就是有关西方名著的介绍类书籍,这类书主要是写给大学生、研究生以及初学者看的,往往是一些大家或大牌学者撰写的,言语精炼,视野宏大,主要是让初学者可以对整个领域(不管是一个人、一部作品还是一个论题)有一个总体性的把握,进而为研究做好准备。所以,"介绍"跟"研究"根本不是一码事(当然我们决不能否认两者之间的关联),而且更为重要的是,对于初学者来讲,他往往是由介绍而进入研究的,而对于撰写者来讲,则往往是从研究到介绍的。在西方学界,"介绍"往往是只有那些学术大家才有资格去撰写的。所以,说我们研究人物就是介绍人物,这不是太过"抬举"我们,就是没有分清楚这两个东西,不明白它们所着眼的目的、针对的对象是不同的。

既然人物研究不是人物介绍,那么它是否就是思想史研究呢? 或者说,它是否就是要弄清楚这个人"讲了什么"呢? 关于人物研究跟思想史研究的关系,我在下面再讲。在这里我想讨论的是人物研究是否就是要弄清楚这个人"讲了什么"。当然,这个看法跟上面提及的那个"介绍性思维"有关。我们以前做学问的方式基本上是摘录式的,看着一个人或一本书,有好的句子,我们就把它抄录下来。抄录多了,在各个问题上有了积累,有了我们所谓的"灵感",我们就把它们整合在一起,出来一本书叫"某某研究"。而实际上,这并不是研究。研究所要做的是以下三方面的事情:①他讲了什么?（这是最低层次上的）;②他为什么要这么讲,而不是另外那么讲?③他这么讲是有道理的吗,在何种意义上是有道理的?这三个方面的事情基本上是一个递进的过程。"讲了什么"基本上就是"介绍"的层面,在这个层面,我们通过阅读和梳理基本的文本而了解了这个人或这本书大概的一些想法或看法。"为什么这么讲"基本上是(批评者所认为的)"思想史研究"的层面。在这个层面,我们基本上要追问这样两件事情:一是他的这个特定的说法是否是基于他的其他某些更基础的说法,以及他的这个特定的说法如何在他的那些更基础的说法中找到位置从而变得合理? 二是他的这个特定的说法是否是基于某个特定的思想和历史背景? 对于这两个问题的回答,就要求我们弄清楚他的整个"思想逻辑"——既包括"体系内的逻辑",也包括"具体历史中的逻辑"。在我们对这样两个问题获得足够的认识和理解之后,我们便可以开始进入第三个层面的研究,那就是检讨他的整个的看法在多大程度上是站得住脚的。或许,这最后一个层面的研究在批评者看来才是"最像哲学"的研究。但是请记住,这个层面的研究绝不是一蹴而就的,更不是能脱离第二个层面的研究就可以单独成立的。如果我们都相信人类理性的基本能力,都相信我们研究的思想家不比我们愚蠢,那么在我们对他的观点作出评判之前,就必然首先对他做一种"同情式"的理解和"辩护式"的研究,只有在我们充分"理解"他之后,只有在我们充分"知道"他所讲的到底是什么之后,甚至我们可以更形象地说,只有在我们成为"知己"之后,我们才可能在没法为之辩护的情况下,把他的观点推翻掉。这个时候或许你就是站在他的肩膀上将问题进一步推进下去了。

(2)人物研究与思想史研究

既然人物研究不是人物介绍。同样地,我也认为人物研究不仅仅是思想史研究,尽管这两者存在很重要的关联。在我看来,对于思想史的研究更应该被看成是如何让学问做得广博这个层面上的问题,而不是让学问如何做得精专这个层面上的问题(当然这里的界分只是为了分析的便利,正如我一再强调的那样,事实上它们是不能如此被分割开的)。所以对于思想史研究的具体讨论,我想在下面讨论"广博"问题的时候再讲。在这里我想说清楚的是,人物研究既不同于思想史研究,但却也依赖于思想史研究。

顾名思义，思想史研究就是对于观念、思想在时间中的变化作出梳理。正如我在上面讲过的，人物研究的第三个层面的问题是要弄清楚这个人物所讲的这套东西在多大程度上是可以被加以辩护的，这就需要我们在第二个层面上进入探究，也就是在根本意义上"理解"他的这套说法。"理解"不是一个直截了当的过程，如果我们不站立在被理解者的视角，而仅仅站立在我们自己的视角，这样的理解肯定是不妥切的。我们现在很多所谓的对于某某人的某某看法的"批评"大部分都是建立在这种没有深入理解的不妥切的基础之上的。所以，我们会很容易地对思想大家作出批评。好像他们在这方面缺乏足够的心智一样。所以，在我们作出评价之前，我们首先需要作出充分的理解，这种充分的理解，其中一个重要的方面就是思想史研究——将这个人物的思想放置在一个大的思想背景和历史处境中加以理解，将他所使用的术语放置在一个概念史和观念史的背景中加以处理。只有在我们对之有足够充分的把握之后，我们所作出的评判才可能是可靠的。当然，我的意思并不是说理解和评判是截然分离的两个阶段，只有在完全理解之后才可以作出评判。相反，我的意思是说，评判需要建立在一种理解的基础之上，越充分的理解就越可能会给我们的评判提供可靠的依据。因为毕竟理解不是一个一蹴而就的东西，而是一个逐渐加深的过程。这个过程是伴随着我们整个研究活动的。所以，我想说的是，人物研究是一种总体性的研究，它依赖于我们对于思想史以及对于思想本身逻辑的把握。那么，既然人物研究既不是介绍，也不是思想史，那它又是什么呢？下面我就具体地来谈什么是人物研究，为什么要从事人物研究，它真的比其他研究方式要更有效吗，或更便于带领我们进入思想的殿堂吗？我觉得是的。

（3）为什么要选择人物做研究？

做学问基本上有两种不同的切入方式，一个是以问题/议题为切入点，另一个是以人物为切入点。从根本上来说，这两种切入方式是互补甚至是一致的。对于人物的研究，也首先必须要从某个问题入手，比如做康德法哲学研究，我们不可能一开始就把他所有的东西都弄清楚。我们可能需要找一个点，比如他的惩罚理论，财产理论或者他有关法权的基本看法等等，以此切入，然后再由"点"及"面"，最终形成对康德法哲学的整体把握和理解。同样地，对于问题的研究也是如此，比如对于惩罚理论的研究，刚开始的时候我们也不可能对所有有关该问题的研究都作一番梳理，相反，我们要做的是对它的几条典范式的理论路向作一个梳理，比如康德的报应论、功利主义的威慑论。所以，这两种不同的切入路向从某种意义上来讲是不矛盾，甚至是互补的。但是我在这里要讲的是，就我们最终要做的事情来讲，以人物为切入或许更有助于我们的研究的推进。因为，就最终来讲，我们总是希望我们能够形成自己的立场和观点。所以，这个"自己的立场和观点"，其所强调的不仅仅是"自己的"，而且更是"融贯的"和"一致的"。比如说，你在惩罚问题上形成的自己的观点，必然与你在道德哲学上形成的观点是一致的，同时在国家的一般观念上，也会有一个一致性的理解。如果说你在惩罚上支持威慑论，但在道德哲学上支持义务论，在国家观念上又支持另外一套理论，那么我们很难说你有你自己的真正立场，甚至我们可能会说你的观点不过就是拼凑的而已。所以，在这个方面，以人物为切入点进行研究是更有助益的。因为历史上的大家，在其形成他们自己有关各个问题的特定看法的过程中，都是积累数年甚至数十年的，他们在长期的思考过程中往往会把某些根本性看法贯穿始终。而正是这个"始终性"，构成了我们现在在西学里看到的各种"主义"和各种思想流派，诸如康德主义、黑格尔主义、托马斯主义。而所有的问题或议题都是在这个思想脉络之中被加以理解并被提出来加以争论的。很多问题的争论都是深层次的基本思想路线上的争论。所以，要想深入地研究一个问题，或者说，要想系统地研究一个问题，我们不可能不从体现在某个人物身上的那个更深层次的思想派别上入手。所以说，人物研究的一个最直接的好处，就是他可以提供给你一个相对融贯且宽广的视野，让你可以从中去看待你的对象，久而久之，当你慢慢熟悉这个 viewpoint 了，你便开始慢慢站到你所研究的那个大家的肩膀上。由此，如果你再用你自身所亲历的物事来反观这个视角或这个框架，那你便有可能会走出新的一步。

（4）选择什么样的人物做研究？

研究一个人，决不是随随便便找一个就行的。我觉得在选择的时候有两点是必须要考虑的。一是你研究的这个人是否是重要的，也就是说，他是否是一个"关键性"人物。这种关键性主要体现在以下几个方面：第一，他与你所关心的问题或你所关心的领域是否是"相关"的，比如你研究法哲学，或许你更应该选择研究哈特、德沃金、菲尼斯和拉兹，而不是选择研究海德格尔和胡塞尔，尽管后者在思想史上比前者重要得多。第二，这种关键性主要体现在"典范性"上。在我们现在形成的有关各个特定问题的立场上，基本上会形成一些典范性的立场，比如伦理学中的后果主义、义务论、德性论，法哲学中的自然法和法律实证主义，在你选择人物进行研究的时候，选择该派学说的核心人物——比如康德、边沁、亚里士多德以及阿奎那、菲尼斯、哈特等等——予以研究往往是事半功倍的。第三,这也是在我看来最重要的,就是我们要选择研究"主流"或"大的脉络"中的核心人物,亦即在这个主流或大的脉络中寻找具有典范意义的人物予以研究。因为就整个西方思潮而言,它们所形成的就是那么几股大的思潮或大的脉络,这些脉络往往是以不断延续、不断修正、不断创发的方式延展开来的。各个脉络都有其自身特定的"用语"、特定的"立场"、特定的"精神"和特定的"价值取向",尽管其间会存在差异,甚至巨大的差异,但我们从中看到的却是非常明显的"家族类似性",它们以某种特定的历史-时间的方式呈现出来,在他们的用语中我们会非常清晰地看到比如亚里士多德-托马斯主义、康德主义、尼采主义、马克思主义。而我们当代的诸多思想家、法学家乃至一些重要学者基本上就是沿循着这样的脉络工作的,比如罗尔斯,我们可以往康德那儿追溯;诺奇克,我们可以往洛克那儿追溯;菲尼斯,我们可以往阿奎那那儿追溯;泰勒,我们可以往黑格尔那儿追溯。总而言之,我们之所以要在这样一条脉络中做学问,之所以要选择一个脉络中的核心人物进行研究,就是要跟着他,沿循着他走过的路继续往下走。说得更简单一点就是,西方人做学问的方式本身就是这样的,其学术发展的逻辑本身就是这样的,我们要做的就是要循着这种方式和逻辑,而不是另辟蹊径或走我们中国自己的特色(当然,如果我们回头看我们自己古代的学问,也会看到与西方学术同样的发展逻辑)。

除开第一点所强调的"重要性"和"关键性"之外,第二点需要考虑的就是你研究的这个人物是否切合你的"口味",我觉得这个方面也同等重要。历史上有这么多不同思想路向、不同精神气质、不同思维类型的思想家,你不可能一一研究。研究的目的,正如我一再强调的,不是为了"知晓"这个人的思想,为了获得某种单纯的"知识"。研究一个人,最为关键的就是你可以通过他对于"对象"的思考来思考"对象"。而对于任何一个人来讲,他对于特定事物的感受力是不同的。同时,不同的人的不同成长和学习经历也会在不同方向上造就他不同方面的理性能力的发展。所以,在研究一个人之前,每个人其实在一定意义上都已经是一个有着特定思想气质的人了。因此,他的选择绝不是在一个完全真空的状况中进行的。当然,与这种选择同等重要的是,研究也是一个型塑自身的过程。当你真的钻进去了,这个研究过程,尤其是你所研究的这个人的思维方式、价值立场、学术品位、精神气质同样也会型塑你的思维方式、你的价值立场、你的学术品位、你的精神气质。因此,在这个层面上,我们可以进一步看到,研究一个人不是获取那种单纯的知识,而是让我们所研究的这个人来影响和塑造我们自己,一种全方面的影响和塑造。

此时,有人可能会说,这难道不会迷失自己,从而成为某某学说或某某人的"附属品"吗?没有自己的东西,没有自己的主体性。对此,我并不这么认为。我一直坚信人拥有一种强大的自发的"理性能力",这种能力拥有足够强大的反思能力。只要我们一直坚持运用这种能力,我们永远都不可能成为任何一种学说、任何一个人的奴隶,也就是说,只要理性不断地践行着它自身所特有的那种反思活动,它就不会成为任何一个外在对象的附属物。对此,我有着坚定的信念。所以,我们的研究首先需要做的就是先"钻进去",只有"进去了",理解他了,我们才可能"走出来",进而成就我们"自己"的东西。

2. 二手文献的重要性

对于二手文献,中国学界一直比较忽视,尽管近十多年来,尤其是在一批前辈学者的努力下,我们看到了越来越多的二手文献被引入进来,但就总体来讲,这种状况还没发生实质性的变化,而且在人们的基本思想和态度上,仍然有着一种"原著癖",认为过多地去接触二手文献会很容易被其中所带有的特定的解释立场所"带偏"。这种看法在哲学圈尤其普遍。就这个观点来讲,我觉得应该分开来看。首先,如果你不精细地读原著,而只依赖二手文献,那肯定是会有问题的。其次,如果你在阅读二手

法哲学的视界

文献的时候,只选择其中一种立场,在不对其他立场作出足够的反思和检讨,甚至在根本不理会其他解读立场的前提下径直接受某种解读立场,比如目前国内学界非常盛行的施特劳斯派的解读立场,那你在理解原著的时候的确是很有可能会被带偏的。在我看来,二手文献的作用在很大程度上是通过提供给你一个如何看待原著的"视角"来"帮助"你进入原著,所以,它会让我们对于原著的理解变得相对容易。但是,如果你只依赖一个这样的"拐杖",而在不检讨其他"拐杖"的前提下就径直把它们扔掉,那么你走偏的可能性是很大的。比如对于霍布斯,施派的解读、剑桥派的解读,乃至霍华德·沃伦德(Howard Warrender)的解读,其差异是非常巨大的,甚至其所提供的是完全不同的霍布斯形象。所以,如果你不去对这些不同的解读立场作出认真的批判性检讨,你是不可能去推进新的理解的。所以在这里,我一直觉得,抛开二手文献而径直看原著的作法是最糟糕的,其次则是只看一种立场而不知其他立场的作法。所以,做西方的学问,首先需要做的就是要爬梳和清理这些不同的解释立场,接着通过你自己充分的批判性检讨,在各条不同的解释路向之中作出取舍。当然这个过程不是线性的,而是不断反复进行的。总而言之,研究的过程就是一个不断检讨、不断反思的过程,在这个过程中,你要把你的视野尽量地打开，让之面对不同的乃至相互对立的路向，我一直相信人类理性所具有的那种足够的反思能力，只要你运用得良好，那它肯定会把你带至一个正确的且本真的地方，并让你"自己"慢慢地凸显出来。

3. 一手原著的"辩护式"研究

基于上面的说法，我觉得在对一个人进行研究的时候，还需要注意的是，我们"首先"要做的是为他的思想进行辩护，而不是批判。现在学界有一个说法，就是你要有你自己的想法，你要有你自己的主体性，你不能陷进去成为某个人思想的奴隶，所以你的研究，你的文章必须将你自己的看法表现出来，必须对你研究的对象进行批判。我觉得这个看法从长远来讲是正确的。但是如果当我们刚开始进去研究的时候，就抱着批判和否定的态度，在我看来至少不是一个明智的选择。以前的思想家在某些问题上或多或少会存在一些偏见，比如亚里士多德对于奴隶制，康德对于女性，批评他们的想法，乃至批判他们的惯常说法在很大程度上是容易的。但是，这可能并不会给研究者带来真正的好处，你并不能从这种"浅薄"的批判中受益。在我看来，在我们对某个人物进行研究的时候，我们首先需要假定的就是这个人在智力、在思考的层次上并不比我们差，我们能想到的，应当假定他也能够想到。如果我们不能如此设想，你选择这样的一个人进行研究又有何意义？所以，我觉得研究人物非常重要的一点就是我们要"尽可能地"为他的立场进行辩护，我们要以一种辩护式的态度进行研究，只有这样你才可能从这样一个研究中获益，只有在真的无法为其再进行辩护的情况下，你才可以说他在这个问题上的立场是站不住脚的，而正是在这里，你或许已经走出了非常重要的一步。

4. 反思性批判与自己立场的确立

最后，我想简要地谈一下自己立场之确立的问题。学问的根本或它最终的形态不是积累多少知识，而是形成你自己看待事物的特定立场，一个融贯且有说服力的立场。在这个意义上，我上面讲的这样一种人物研究式的方法在最终意义上都是指向这一点的。所以我才讲你为什么要选择特定的人、选择你感兴趣或与你自己心性比较"亲近"的人来研究的原因之所在。研究的过程就是一个不断检视自己立场的过程——修正甚至否弃在他那里你不能接受的立场，接受在他那里你能接受的立场。当然，这并不是一个马上就可以完成的过程，而是在逐渐展开研究的过程中不断呈现出来的。因此，在这个过程中，"反思性的批判"便显得尤为重要。当然，我在这里所讲的"批判"并不是"批评"或"反对"的意思，而是那种切己的打交道的过程，一个"追问—内省—接受—追问—内省—接受"如此不断反复的过程。由此在这个过程的行进中,你便会慢慢形成你自己的东西,也会把你自己型塑成为一个有着特定立场的人——可能会是一位康德主义者,可能会是一位托马斯主义者,或者可能会是修正版的康德主义者或修正版的托马斯主义者,也可能会是把康德主义与托马斯主义结合在一起的先验的托马斯主义者。总之,我们说,一个学者成熟的过程就是一个不断排斥其他学说的过程(当然这是在经过批判性反思之后形成的而不是独断地形成的),当然,所谓的排斥从另一个角度看就是接受,诸如你慢慢地偏离功利主义、慢慢地远离尼采主义、慢慢地拒斥休谟主义,从而慢慢地靠拢康德主义,如此等等。在这个意义上,我们会看到,研究会逐渐呈现出与之前不同的方向,读书也会呈现出与之前不同的规模,你的研究会逐渐在"问题域"中扩展,而不是在"人物"之中扩展,也就是说,你不再会去看很多思想家的作品,而只会看你所站立之立场的那派哲学家的作品,你的研究会以这一立场出发发散开来。另外,你读的书,也会越读越"少",越读越"精",最终,你会在你立场所熔铸的那几部经典之中游走,而这在我看来就是一个学者成熟的基本标志。

5. 研究式翻译

在完成博士论文之后,自己便开始把更多的精力放在了翻译上。在这个翻译作品不受支持乃至可笑地被看成"非学术成果"的时代,在这个"不发表就出局"的论文"大跃进"时代,我为什么要选择这样一条在很多人看来——尤其是法学圈中那些整天"追热点",整天谈论"创新"和"特色"的人看来——是"无用"的道路?我在这里想谈一下翻译的事情。当然,我这并不是想为翻译作任何的辩护,在我看来,对于一个真正研究过西学的人来说,事实是再清楚不过的。我在这里之所以想再谈一下,是想谈谈自己这几年做翻译所获得的一些心得。

首先,就我自己之所以做翻译的目的而言,并不是为了翻译而翻译的,而是为了精细地研读而翻译的。我一直跟身边的朋友说,其实从翻译中获益最多的人不是其他任何人,而是译者。也正是在这个意义上,我从来没有抱怨过目前学术体制对于翻译作品的"无视",尽管这种无视在我看来是荒唐而无益的。对于翻译这样一个事情来讲,其本身可能并不是重要的。我们很少看到西方的一流学者去做翻译。当然其中也有例外,比如耶夫·西蒙晚年就花了大量精力翻译托马斯·约翰的《质料逻辑学》。但总体来讲,翻译在西方学术圈中并不是学者的首要使命,也并不占据重要位置。但是,即便如此,我们也不能就说,在我们中国,翻译也是不重要的。如果没有翻译,我们几乎不会成为我们现在这个样子,中国这百来年的翻译,从根本上来说塑造了一个全新的思想世界。我们的思考方式,乃至我们的言说方式,跟一百多年前的人几乎完全不同,我们现在所撰写的任何一部中文学术作品,在一百多年前,是很少有人能读懂的。现在有人说,年轻人的英语越来越好了,他们可以读原著,根本不用再看译本了,所以,随着以后年轻人外语能力的提升,翻译会越来越不重要。或者,在某个时候,庞大的翻译计划会逐渐退出历史舞台。我想,这样的推测从某种意义上来讲是正确的,我也期待那样一个时代的到来。但请记住,如果在这个时代到来之前,我们没有大量的翻译作为基础,没有我们从翻译中缓慢地将西方的东西逐渐吸纳过来,这样的时代是永远都不会到来的。而且就目前情况来讲,我们中国的很多学生乃至很多的学者,距离"顺畅""确切"以及"精准"地把握和理解西方原著还非常之远。这些年我组织了大量的翻译工作,了解到了很多即便是长期留学国外的学生,一旦要他精确地一字一句地进行翻译,其"外语的能力"缺陷就显露无遗。所以从总体来讲,我们距离那种精准的理解还很远。

我想讲的第二点是研究式翻译。就我自己来讲,我自己做翻译主要的目的就是为了精细地研读。之前做康德方面的翻译,现在则在系统地翻译菲尼斯的作品。翻译对我来讲不是纯粹的文字转化,而是切近且精细地考察作者的"言说"。我一直觉得,学术的翻译就好比绘画和书法中的临摹。临摹久了，你不仅会慢慢熟悉作者的套路，会无形地受到作者的影响，更重要的是，你会慢慢开始从他的 viewpoint 上来看他所看到的事物，如此一来，看得久了，你也就有了他的 viewpoint，进而就可以据此来看他还没看和没考察过的东西了。由此，你就在他的基础上将问题推进下去了。所以我一直不太支持那种为译而译的做法，我并不希望译者成为一个工匠，而是希望译者就是一个研究者，一个以中文说话的作者的对话者。

（二）博览

之所以花费这么多的篇幅来谈论精研，在很大程度上是因为对于初学者来讲精研绝不是一件容易的事情，它需要耐下心来，需要花费很大的功夫和很长的时间，并且更为重要的是，它需要恰当的或有成效的方法。有些方法可能并不利于我们来做精研这样一件事情，而另一些方法则可以帮助我们事半功倍。但是，正如我在一开头所指出的那样，只有精研而没有博览，精研到了一定地步就会自然停滞下来。所以，精研必然需要配之以博览。

那么什么是博览呢？如何来博览呢？在这里我想指出在我们通常的观念中对于博览所抱持的一种错误的看法。在我们传统的思维中，我们总是宣扬一个人如何"博学"，如何"博览群书"，似乎他看了很多书，学了很多知识就是"博学"，就是"博览群书"了。但是，没有"精研"

的"博学"在我看来很难可以被恰当地说成是"博学",或者,对于这种不"专研"而只看很多书的作法,我更愿意将之称为"泛滥(之学)"。对于不准备在学问上有所进步的人来讲,这种读书的方法是可以的,因为这可以作为他的"消遣"之用,当然,有些人会把看小说当成是消遣,但看学术书,如果你只是看个"囫囵吞枣",我们也很难说你津津有味地看不是为了"消遣"。所以说,对于一名有志于学问的人来讲,首先需要戒备的就是这种"泛滥之学"——也就是什么都看,拿到一本书就看,拿到一本感兴趣的书就看,乃至拿到被公认为重要的著作就看。我觉得这是看书的大忌。当然,在我们刚刚开始积累知识的时候,这种"泛滥之学"是有用的,而且也是有必要的。生物学的、心理学的、历史学的,乃至最新的科学发展等等,不管涉及人文科学、社会科学,还是自然科学,我们都有必要接触,这是一个基本的知识训练,以便用来塑造我们基本的知识结构,让我们知道我们这个时代已经在人类知识领域走到哪个地步了。我想,对于这一点,它理应是基础教育的事情(大学本科和大学之前的整个教育体系理应致力于此)。而我在这里所讲的做学问,更是在基础教育之上往前的一个推进。所以,"博览"必然是在"泛览"基础之上的精细化。

那么如何博览呢?在我看来,主要有两点。一个是

"相关性",博览需要围绕着你的研究领域作时间和空间上的扩展。当然,这种相关性是有强有弱的,比如你研究罗尔斯,从时间维度上看,你就需要将之扩展到康德,从空间上看,你就需要将之扩展到与他产生论争的当代人物和思潮,诸如诺奇克、社群主义等等,如果再扩展开来,你就需要了解整个自由主义传统,乃至与罗尔斯发生论争的其他思想脉络,比如功利主义、直觉主义等等,你都需要去涉猎。因为你不可能对于所有的东西都做精深的研究,所以这个时候,你就需要在相关性方面作博览,当然,这种博览绝不是随便看看而已,而是要理清它们与你研究的领域的"关联性",这个关联性的梳理就可以将你的整个视野打开,并逐渐架构起你的整个知识"网络":从原来的一个"点"扩展到一个"面"。由此便可以为你进一步的深入研究打下基础。涉及博览的第二点就是思想史研究。当然,也有人是专门从事思想史研究的,对此,我想以后有机会再专门谈思想史研究。在这里,我是把思想史研究看成是我们从事人物研究的另一个面。我强调思想史研究,是因为对于中国学人来讲,我们不具备西方人研究西方学问的那种优势,所以我们在从事西学研究的时候,必须要做这样一种基本的学术训练。因为,对于西方人来讲,他们在做学问的时候已然置身于他们自己的传统之中,很多东西,他们在"无形"中就明白了,无论是通过他们的日常话语,还是通过他们的基础教育,甚至是通过与身边人打交道的过程中的潜移默化。总之,在他们使用术语、作出论证、言说事物的时候,他们是在一个庞大的"网络"之中进行的。这个网络既赋予他们所说的东西以意义,也限制着他们不能随便乱说。所以从这个角度看,他们做学问的时候对于二手研究文献(包括思想史研究在内)的依赖度是相对较弱的。比如菲尼斯说他在写作《阿奎那》一书的时候,并没有太多地去看各种不同的解释立场,而是径直从阿奎那本身的原著出发。所以,无论是我上面所讲的二手文献,还是这里所讲的思想史研究,其重要程度是依赖于学术境况的不同而有所不同的。就好比中国人做古代学问,诸如研究朱熹和王阳明,我们或许并不需要依赖太多的解读类作品,因为无论如何我们都已然置身于一个基本的阐释语境之中,在这个语境中,不管是通过什么途径,我们对于其中的很多东西是"无意识"地熟悉了的。所以,思想史研究,尤其是把握其中的重要概念、术语和思想框架的流变史,在"异质文化的环境"中会变得更为重要,也更为迫切。所以在我看来,对于中国学者来讲,思想史研究的重点理应放置在把握核心术语(诸如理性、意志等等)和基本观念的演变史上,从而能够明了我们在使用这些术语、谈论某些思想体系的时候,真正的含义是什么,而不是胡乱地乱用。

总之，做学问就好比挖一个洞，当你挖的面积非常小的时候，你所能挖的深度是非常有限的，所以你需要不断地扩大你挖土的面积，才可能把洞挖得更深。但与之同时，如果你东挖一块，西挖一块，而不能将之贯通起来，那么你到头来还是只能停留在表面。所以，博览的目的在根本上来说就是为你进一步的精研做奠基性的工作，所以在这里要警惕的就是那种漫无目的的泛滥之学。总而言之，学问就是在"精研—博览—精研—博览"这样一个不断往复的过程中慢慢深入下去的。

（三）学问态度的培养：勤勉、浸染与一贯

对于"精研"和"博览"，我们可以将之称为学问的"方法"。也就是说，我们可以通过这些"方法"而走上一条更易于进入学问且更易于将学问推进下来的"道路"（way），它可以让我们避开岔路，不走弯路。而在这里所谈的"态度"，在一定意义上可能并不属于"方法"的范畴。但是，如果我们把"方法"理解为这种广义上的"道路"（way），那么"态度"就是一个不可或缺的维度。

学问在根本意义上是靠"养"的。它不是一天两天就可以完成的。西方人把这个过程看成是一个"探索"（spirit of inquiry）的过程，而中国人则喜欢将之称为"琢磨"。所谓的"琢磨"就是要天天或时时刻刻地与你要琢

磨的这个对象"打交道",我们要让我们自己"浸染"到"对象"之中去,浸染到"问题"之中去。由此,时间久了,就像"把玩"一个东西一样,我们对它便会产生某种"切身"的体悟。当代一名神学家朗尼根在他的一部巨著《洞见》之中,就认为人类知识的进步主要靠的就是这种基于长时间浸染其中的思考而获得的洞见所逐渐积累起来的。他举了阿基米德发现流体力学的例子,他说在阿基米德发现这个原理之前,他一直处在"tension of inquiry"(探索张力)之中,而代表人类知识进步的 insight 就是这种张力状态的一个释放,尽管这种释放有偶然的因素,但如果没有这种浸染其中的思索,这个偶然性也是不可能的。与西方人所强调的那种"知性"上的发现相对的是中国古人所讲的品性修养方面的"不可须臾离"的要求。所以,我们现在看到中国有些所谓的学人,往往是白天做"商人",晚上做"学人",我们很难说这样的一种生活方式会有好的学问出来。所以,从根本上来讲,学问与生活是一个事物的两个方面,你的生活方式是怎么样的,你的学问肯定也会是怎么样的。所谓的学者,从这个角度看,就是要过一种"学问的生活"。当然,我在这里强调的这种学问与生活的一致性,绝不是说你的生活就是每天看书,每天写作。读书写作只是做学问的一个方面,你的一举一动、一言一行,其实其中都有学问在。

中国古代讲事事物物中皆有学问,我觉得大体上是不错的。所以在这个意义上讲,做学问重要的就是要保持一个"心性"的"连贯性"(coherence),持续地与你要钻研的东西"打交道",融入式地浸染其中,这会"自然地"带着你往学问更深层的方向走。

(四)学者的本分与自持

我一直坚信,学问,尽管一方面指向被我们所追求的对象,亦即指向我们所谓的知识(广义),但另一方面——或许更为重要的方面——是指向我们自身的,也就是说,学问要求我们首先要做一个适格的学者。在日常话语中,我们经常会说,父亲要像一个父亲,老师要像一个老师,同样地,在学术领域中,学者也要像一个学者,这是一个基本的"身份伦理"。

鉴于眼下中国学界那些已备受批评的学术制度,不管是课题、期刊,还是职称评定(并且无可否认的是,这些制度在很大程度上正在以或隐或显的方式败坏新生的一代代年轻学人),我们总是为我们自己辩解说,是这个"有缺陷"的制度让我们变成这样,让我们变得更加现实,让我们整天盯着发文章,发"高级别"的文章,让我们整天做那些与真正的学术研究不相关的课题。但我想说的是,学者,作为一个学者,理应具备更坚定的意志来抗拒这些"诱惑",这是一个学者之所以为一个学者所应具备的最低限度的"真诚性"。学者是通过他对于真学问的那种"切己的""真诚的"追求安身立命的,如果你失去了这些东西,丧失了你作为学者所需担负的起码的"义务",我们很难说你到底是在"做学问"还是在"做生意"。

当然,我之所以这么说,是我觉得"制度决定论"的论调在学术领域的盛行为很多的行为找到了辩解的理由。或许,在政治领域,制度的确有着这样一种决定性的作用,而且也理应具有这样一种决定性的作用。但是,相比于政治领域对于好公民和好治理者的需求,在学术领域,或许更为重要的是好的学者。学术首先致力于的不是"和平与安全",而是"卓越",所以,没有"好学者"的学术,甚至说没有"适格学者"的学术,我们很难将之称为学术。因此在这个意义上,我觉得目前在某些学科领域,学术所遭受的某种败落,在一定意义上是学者自身的堕落,一种基本的"学者伦理"和"学者义务"的丧失。当然,这样一种堕落对于每个人来讲都是现实且可能的,所以,我更希望将之作为对于我自己未来学术生涯的告诫,时时警醒自己。当然,这篇文章的很大一部分内容在某种意义上也是写给(现在和未来)有志于学术的初入门者的,所以,我也希望将之作为我们共同信守的东西。

2018 年 7 月于牛津

为什么要阅读经典？

——一个简短的思考

一

书写与阅读是人类非常独有的一种现象，也是人类文明得以存在、延续并繁盛起来的根本缘由之一。所谓的"经典"，就是那些经由时间的洗礼进而逐渐构成我们思考和讨论之基底以及构成我们看待事物之基本视域的东西。不同的经典往往型塑着不同的传统。不同的学科，同一学科内部不同的学派，无不是由那些构成该学科的"经典"型塑而成的。经典为我们提供了一个可相互交流的共同空间，在这个空间之内，它将处于不同时间和不同空间的人拉置在一起，使之分享共同的概念，共同的问题意识，共同的论题，由此，通过这种"共同性"，使他们相互之间的论辩、理解、思考和批判得以可能，并由此促生了这一思想空间的生长和繁盛。人类文明正是据此而生长出来的。由此我们可以说，经典之于我们的意义在很大程度上是不言自明的。

"经典"在为我们提供这样一个共同的对话空间的同时，也在塑造着文明的"传统"。"传统"之于任何学术思考、学术活动和学术创建来讲都是重要且根本的。康德与黑格尔的作品开创了德国法哲学传统，与随之而起的19世纪的萨维尼、耶林，20世纪的拉德布鲁赫、凯尔森共同构建了一个德国式的法哲学传统，使之区别于由边沁和奥斯丁所型塑的英国式的法哲学传统。德国与英国后世的法哲学思考以及立场的分歧无不深深地印刻着这些人的痕迹，或是继承，或是推新，或是批判。在这个意义上，我们可以说，没有"传统"，就没有真正好的学术。而这些传统之所以形成，在很大程度上即有赖于"经典"，无论是经典人物，还是经典作品。

经典也为我们认识和理解世界提供了一套"完整"的知识框架和知识结构。所谓的经典，往往是那些触及人类生活最深层且不可逃避之事物的东西，所以，它们肯定不是一些支离破碎的理解，而是有关人类最基本事实的融贯的理解。因此，阅读经典在某种意义上就是去分享人类历史上最睿智的那些人的洞见，通过对于这些人理解世界之"方式"和理解世界之"框架"的把握，以及在这种把握的基础之上与之进行对话、沟通、辩驳乃至批判，从而在一个更基础性的和更合乎理性的地基之上型塑我们自己有关世界的基本看法。学术的整个活动就立足于这样一些基本的看法。

阅读经典可以给我们以良好的"学术训练"。学问不是纯粹的感想,也不是一时的灵感。学问往往需要一个严格的训练的过程。在我看来,学术训练至少包括以下两个方面:一是建立一个相对比较完整的知识框架,二是培养批判和思考的能力。在这两点上,研读经典作品都是最好的手段。

经典为我们提供了一个我们可据以做"好的学问"的"思想资源"。它就好比一个蓄水库,汇聚了人类历史上最重要的那些洞见,同时也在不断地将我们当下的那些最重要的洞见积蓄起来,使之慢慢沉淀下来。对于它的挖掘,既是我们学术的动力,也是我们学术创造的源泉之一。

二

那么,对于经典,我们又该如何阅读呢？在我看来,主要有以下几点:

首先,经典是需要"啃"的。经典之所以会成为经典,一者在于它的视野的开阔与宏大,它不是关于某个小问题的专家式解答,而是对相关问题的系统性的思考;二者在于经典往往是对于根本性问题的思考,所以都是一些艰涩且难以处理的问题。所以,对于这些内容艰涩、视野宏大的作品,我们必然需要花费更多的精力和时间,精细地予以研读。

其次,经典需要"反复研读"。我在这里所讲的"反复",并不仅仅只是"多读几遍",而是要不断地"回返"回去研读。对于很多人来讲,往往会有这样的阅读经验:在看完一本书之后,如果过个一年半载或几年再"回返"回去阅读,往往会有不同的感受和不一样的收获。经典往往就是那些可以"反复玩味"的作品。每读一遍,每推敲一遍,总可以从中"挖掘"出新的东西。所以,也正是在这个意义上,经典不仅可以反复研读,而且理应反复研读。

再次,保持对于经典的"必要的敬重"。在这里,我讲的"必要的敬重"主要是针对另两种极端的态度。一种是"膜拜"的态度,将经典奉为"圣经"一样,以为它什么都是对的;另一种则是"轻慢"的态度,认为时代已经变化,那些古旧的观念、陈旧的言说方式已不合时宜,更有甚者认为,他们所保持的一些立场是偏颇和陈腐的,诸如亚里士多德对于奴隶制的辩护,康德对于妇女地位的贬斥,所以这一切都被他们看成是这些经典"过时"的原因,研读它们只不过就是出于历史考古的偏好而已。所以,我在这里讲"必要的敬重",一者在于我们需要与经典保持一种必要的距离,从而可以跳出来予以批判性的审视,但更为重要的则在于,我们要深入"经典之中",对于经典保持敬重,将之看成是那些至少不比我们"愚笨"的人所撰写的需要我们花费足够多的心力去真正理解的一些值得深挖细嚼的作品。

对于如何阅读经典,最后一点就是通过后世学人的"研究"和"解释",亦即借助所谓的"二手文献"来研读经典,借助他人的眼光来看对于我们更好地把握经典著作有着事半功倍的效果,对于这点,我已在其他地方谈了很多,在这里就不赘述了。

阅读原典与二手文献

——有关人的反思能力的思考

一、引子

晚近学界,尤其是哲学界,对于研究文献一直持有一种疑虑和怀疑的态度。在他们看来,在阅读西方著作的时候,一定要读原典,对于阅读二手文献一定要慎重,不然就会为之所误导。这是一种已盛行很久的说法,就其根源来讲,在很大程度上与汉语学界一直所追求的"追比圣贤"的读书传统有着某种密切的联系。他们认为,只有通过不带偏见地面对文字本身的阅读,我们才有可能获得本真的或符合作者本意的哲学思想。本文的目的就是要对这种普遍盛行的看法作出检讨。在本人看来,这种看法不仅误解了西方学术传统本身的性质,而且在一定程度上会给眼下汉语学界的西学研究造成不利影响。

因此,我希望从以下两个方面来回应上面这种"普遍盛行"的看法:一是从西方学术传统本身的特点上来看二手研究文献的位置,二是从人的反思能力来看我们是否可能为二手文献所误导。

二、原典及其解读
——作为"学术传统"的两个不可分的部分

就我看来,每一样事物都有其固有的性质和品格,因此也遵循着某些固有的法则。在我们面对这些事物的时候,一旦我们的探究方式偏离这些事物本身所遵循的法则,我们就有可能偏离正确的道路。事物如此,有关事物的研究也是如此。西学有西学的研究路数,中学有中学的研究路数,数学、物理、化学有数学、物理、化学所固有的研究路数,哲学和人文学科也有哲学和人文学科所固有的研究路数。如果一个人用哲学的某些方法——比如阅读经典——来研究物理,我们很难说他能够把物理研究好,甚至于说这根本就不是物理学研究。用中国古代那种体验式的、领悟式的方式来研究西学,我们不仅可能会断章取义,甚至可能会望文生义,到头来,我们所生产的只能是一些心灵鸡汤式的感悟性的东西。因此,在我们谈论如何阅读和研究西学的时候,我们首先得弄清楚西方学术传统的性质和特点。

就我看来,西方学术传统本身主要由两个基本部分构成:一部分是被他们认为是经典的著作和人物。诸如康德、亚里士多德、柏拉图、霍布斯、洛克以及他们所撰写的那些世代研读的基础文本,诸如《纯粹理性批判》《尼各马可伦理学》《理想国》《利维坦》《政府论》等等。后世的学者和思想家既可从中获得学术研究和思想创获的灵感,也可从中获得据以建构其自身思想体系的基本概念和基本讨论框架。第二个部分则是对于这些经典著作和经典人物的研究,这些研究或是对这些著作和人物的重新理解和重新解读,或是对于他们的批判,这些理解、解读和批判共同构成了一个围绕着这些人物和著作以及他们所共同讨论的问题的"研究领域"。由此,我们也就看到了我们现在所谓的"康德学""海德格尔学""亚里士多德学"等等。正是这样一个围绕着"经典人物"及其所确立起来的"基本立场"、所讨论的"基本问题"展开的整个的学术研究,构成了西方学术的各个不同的思想传统,这些不同传统相互借鉴、相互批驳,共同型塑着西方的整个学术传统。

因此,我们说,原典和对于原典的阐释是西方学术传统中两个不可分割的部分。任何的一个研究领域,基本上都是由这两者共同构成的。比如康德学,如果没有那些优秀的阐释者的阐释,没有他们针对康德文本而制造出来的"问题域",康德哲学本身是不可能发挥如此大的影响力的,甚至于根本就不可能有所谓的"康德学"。在这个意义上,我们可以看到,康德哲学正是通过这样的阐发而被扩散开来,成为一种思潮,成为一种固有的立场,这种思潮和立场在历史的不断的阐释过程中又不断被丰富起来,由此而影响到思想的各个领域。因此,恰恰是那些不断涌现出来的各种各样不同甚至可能相互对立的"阐释"让康德哲学获得了持续的"活力"和"生命力"。学术传统就是通过这样的一个过程慢慢生长起来的。因此,任何说二手研究不重要的人不是没有清楚地看到西方学术传统的特点,就是根本还没有领悟到思想活动得以被延续所因循的基本法则。

三、我们真的会为二手文献所误导吗?
——关于人的反思能力

那么,第二个问题,也是晚近很多人认为没必要阅读二手文献,甚至认为阅读二手文献"有害"的人的基本论据就是认为,我们在阅读二手文献的时候,很容易会被它所误导,尤其是一些个人性特别强的研究文献,比如,施特劳斯派的很多研究,诸如对于柏拉图、霍布斯、洛克的研究,一旦我们首先接受了他们的解读立场,那么我们在阅读霍布斯、洛克和柏拉图原著的时候,很容易为这样的解读所带偏。当然,在任何事情上,对于人这样一种经常表现出短视的动物来讲,他总是易于被误导的。但是,就人同时也是一种有着极强的反思能力的理性存在者来讲，这种偏颇是可以通过比较和反思而得到纠正的。人的正确认识总是从"片段"开始，逐渐通过"比较"和"反思"，从而逐渐达致对于对象的总体性的和全面性的理解。人不是上帝，他的视线，就其本性来讲，只能是片段式的，他只能一个面一个面地逐一来看，只有在一个历史的不断积累的过程中——无论是个人的历史还是整个人类精神的历史——我们才可以达致对于事物更全面、更通透的认识。

在这个意义上，阅读二手文献，是我们可以更好、更便捷地进入思想家思想的主要手段之一，更是我们依凭研究者的"视域"来看那些一时之间不太容易把握的原典的主要手段之一。因此对于初学者，阅读二手文献是极为重要的。只有当我们凭借的"视域"多了，我们才会逐渐生发出我们自己的见解，这就好比我们依凭思想家的"视域"来看待事物久了，才会慢慢生发出我们自己看待这一事物的见解一样。因此，任何一个相信人有反思能力的人都不会认为阅读二手文献是一件可能会使人"误入歧途"的事情，因为我们都相信，我们有足够的反思能力来权衡不同解释相互之间的适恰性，也有足够的反思能力从二手文献中超脱出来，进入对于原典的原创性的理解之中，甚至还有足够的反思能力，从原典中超脱出来,进入对于原典所处理的那些问题的原创性的理解之中。在这个意义上,我一直认为学问就是一个不断推进和深入的过程,一个不断超越的过程,从需要"帮扶"和"依赖"的"孩童"开始,逐步地达到可以自由运用自己的概念、理性来独立地思考,亦即从需要他人牵着手走路过渡到自己走路,从需要依赖他人的视域看待事物过渡到以自己的视域来看待事物。在这个意义上,学问就是一个生长的过程,一个从学徒成长为师者的过程。

四、我们到底应该如何阅读和对待二手文献?

那么,既然二手文献如此重要,我们又该如何对待二手文献? 就我自己的阅读经历来讲,或许有以下几点可以和大家分享。

1. 首先,也是一个前提,尽管二手文献极为重要,但却不可以替代对于原著的精细的研读。经典文献之所以是经典文献,就在于它是极为"耐读"的,它值得我们反复地研读,反复地琢磨,反复地推敲。有些经典文献甚至字字句句都值得斟酌。因此,经典文献永远都是我们阅读的重中之重。但是,经典文献的一个重要特点就是它"不容易读",而不容易读,恰恰是因为里面"隐含"了太多的"奥义",所以,对于初学者来讲,如果没有一个可借助和依赖的东西,我们不仅难以进入经典文献所架构起来的讨论语境,甚至可能会被带偏,从而一直徘徊在外无法进入学问的门道。所以,二手文献的主要作用之一就是帮助我们可以更加便捷和快速地进入思想语境,不管是文本的语境,还是围绕文本和思想的整个学术史语境。总之,在阅读经典原著和二手研究文献的时候,我们要恰当地处理两者之间的关系。只有在文本和研究文献之间来回"拨动"的研读中,我们才可能真正地把握思想。

2. 在刚开始进入一个研究领域的时候,我们不能偏于某种特定的阐述路向,而应该全面地了解和阅读相关的二手文献。也就是说,我们要系统地阅读二手文献,不能只读一家或一派的解读,至少,我们应当选择其中典型的几家和几派进行深入的解读,从而对其解读的立场、观点和进路的适恰性作进一步的比较和权衡。只有在大量爬梳相关研究文献的基础之上,我们才可能做出好的研究。在这个意义上,我们要做的就是站在前人的肩膀之上,而这就需要我们花费足够多的时间和精力来梳理你所进入的这个研究领域业已形成的整个的讨论。

3. 对于初学者来讲,最重要的就是要爬梳各种阐释相互之间的"分歧点"(当然对于研究者来讲同样也是重要的)。"分歧点"就是我们可据以进一步推进思考的地方。有些"分歧点"甚至可能就是思想史上的固有分歧。比如在康德法哲学的解读中，如何理解"法权学说"的位置，亦即"法权学说"到底是属于"道德形而上学"，还是可以从"道德形而上学"中分离出来，成为一个独立部分，一直是康德学者争讼不休的问题。从表面上来看，这个极其专业的问题，似乎是康德学者的"文本癖好"所生硬地制造出来的一个问题，但如果仔细看的话，我们会发现其实这个问题的根源在于如何理解法律在道德之中的位置，亦即理解法律、德性、道德这三者之间的关系。这是一个在思想史中被一再提及且贯穿思想史始终的问题，也是当下法哲学讨论的核心问题之一。因此，对于初学者来讲，把你所准备要专研的那个领域的"各个问题"爬梳出来是非常重要的，也是我们阅读二手文献的时候首先也是最核心的任务。

总而言之，晚近汉语学界对于二手文献是有或多或少的理解上的偏误的，其重视的程度远没有达到二手文献理应受到的那种关注。因此，这篇短文也算是对抱持这样一种偏见的人的某种回应。

给法理学生的一份阅读书单

一、引子

在我看来,开列书单既是一件"不可能"的事,也是一件多少有点"危险"的事。一者在于学问的路径是多种多样的,人们追求学问的方式也是各式各样的。人类知识和文化的繁荣有赖于视角的多样和立场的多元,任何一种路向的学问都只是我们看待这个复杂世界的一个或几个面向而已,内在于人本身的那种有限性既要求我们要认识到自身的局限,又要求我们包容与之对立的立场,思量它们的合理性。因此,在提出任何立场性的主张之时,我们首先应认识到自己的限度。因此,在这里,我只能事先说,我准备为大家开列的这个书单是一个出于自己的"偏好"或出于自己这么多年来对于法哲学的"理解"而开列的一个"在我看来"是重要的东西。当然,即便有这样的不便,但在这样一个书籍"泛滥"的时代,开列书单,尤其是为那些初入学术之门的学生们开列书单,总还是有某种必要性的,尤其是对于那些有心于学问的人,使之免于将时间花费在不必要的事情上,进而选择重要的东西进行阅读,总还是有意义的。

在我看来,研习法理学需要同时关注两个方面:一是"思想传统",二是"当代问题"。要想做好的法理学研究,这两者缺一不可。没有思想传统方面的基本素养乃至深入的理解和专研,我们就很有可能缺乏看待世界的"系统"且"敏锐"的"眼睛";而如果没有当代问题以及对于我们所生处的具体情境的理解和把握,我们很有可能会陷于无用的考古。就思想传统方面来讲,我们需要做的是深入其中,但这种"深入"并不一定需要我们精熟整个思想史(当然如果能如此自然更好),而是让我们深入其中某些最重要和最核心的"传统",并且根据自己的"立场偏好"选择其中一个或几个思想传统予以深入挖掘。就问题意识来讲,可能又需要分两方面来看,一是我们需要熟悉当代法理学,了解晚近最新和最前沿的讨论,看他们在关注什么,以何种方式和进路来关注这些问题,并且给出了什么样的解答。二是需要理解我们自身的具体历史处境,从而理解我们自身最核心的问题,这些问题可能与当代法理学最新讨论的问题是一致的,也有可能是有偏离的。因此,理解我们自身最切己的问题同样重要,不加区分地把他人激烈讨论的问题作为我们最切己的问题很有可能会导致时代、情境上的误置,①这是我们研习法理学这样一门实践哲学时尤其需要注意的。下面的书单,主要围绕的就是上面这两个方面的内容:一是思想传统,二是当代法理学的基本进路。另外,下面的书单也是一个极简版的精读书单,总体而言,笔者只是列出了不到20位重要的人物。

二、精详研读部分:思想传统

就整个法理学史来讲,最核心的是这样几条线索和脉络:1.古希腊,主要以亚里士多德为核心;2.中世纪,主要以阿奎那为核心;3.现代早期,主要以两条线索为主轴,一条是自然法与万民法,另一条是社会契约论,前者以格劳秀斯和普芬道夫为代表,后者以霍布斯、洛克和卢梭为代表;4.德国法哲学的两位奠基性人物——康德与黑格尔;5.法实证主义的奠基著作——边沁与奥斯丁(英国当下法理学仍旧受这个传统所支配);6.法社会学的研究,这主要是以社会学的兴起为基本背景,其核心的人物是社

---

① 当然,他人讨论的问题并不是说就不是我们的问题,比如堕胎、安乐死等在西方世界被激烈争论的问题也是我们同样需要面对的问题,并且就这些问题的性质来讲,其本身就根源于人类生命这一更普遍的问题。但问题的迫切程度,亦即其在具体情境中呈现的重要程度,在各个社会来讲是不同的,尤其是其性质有重要差异的社会,这就好比各个问题对各个不同的人来讲,其重要程度不同一样。

会学的奠基者,马克思、韦伯、涂尔干,他们三人都深入地涉足法学,尤其是前两位对法学产生了深远的影响。

(一) 柏拉图

就我个人来讲,尽管柏拉图在西方思想史上占据着举足轻重的地位,但就法哲学与政治哲学传统来讲,亚里士多德及由其所型塑的传统相比于柏拉图及由其所型塑的传统要更为重要。但即便如此,对于法科学生来讲,柏拉图仍是一个值得深入研读的思想家,尤其是他的两部代表作《理想国》与《法律篇》。这两部著作其本身讨论的就是政治哲学和法哲学问题。

1.《国家篇》

Plato, *Republic*, trans. C. D. C. Reeve, Hackett Publishing Company, 2004.

——*The Republic of Plato*, translated and with an Interpretive Essay by Allan Bloom, Basic Books, 2016.

〔古希腊〕柏拉图:《理想国》,郭斌和、张竹明译,商务印书馆 2011 年版。

2.《法律篇》

Plato, *Laws*, edited by Malcolm Schofield, trans. Tom Griffith, Cambridge University Press, 2016.

林志猛:《柏拉图〈法义〉:研究、翻译与笺注》,华东

第四篇　学问与人生

师范大学出版社 2019 年版。在笔者看来,本书是汉语学界目前对柏拉图《法律篇》最好的一部研究作品。

(二) 亚里士多德-托马斯主义传统

经常有人会这么说:两千多年的西方哲学都是柏拉图的注脚。不管这话是否有些夸大,但就整个形而上学和理论哲学传统来讲,柏拉图的影响确实极其巨大。但是,就西方整个大的政治和法律传统来讲,亚里士多德传统在某种程度上要比柏拉图传统影响更为深远。古典世界在西方占据支配地位的法律学说是自然法,而其核心的典范性人物则是阿奎那,因此研究自然法,阿奎那总是一个不可逃避的人,他的思想来源主要是亚里士多德。因此,研究亚里士多德-阿奎那的思想在本人看来是研习前现代世界法律思想的重点中的重点。

1. 亚里士多德

(1)《政治学》

亚里士多德的《政治学》的英译本有七八个之多。这一来可以说明亚里士多德研究的兴盛,二来也可以说明古典语言以及由这种语言所表达的含义在很大程度上是无法用现代语言予以全面的传达的,这也是为什么会不断有新的译本出现。在这里,笔者只列出几个比较重要或比较好用的英译本。

第一个重要的自然是纽曼的版本,以及他的详注。此书共分 4 卷。第 1 卷是纽曼撰写的一个长篇导论,相当于是对亚里士多德政治学的一个研究。第 2—4 卷是对《政治学》各章的详细的注解。不过此书对于初学者可能稍显难读,但是对于研究者来讲是一套必备的参考书。Aristotle, *The Politics of Aristotle*, 4 vols., edited and translated by W. L. Newman, Oxford University Press, 1887－1902; reprinted Ayer, 1985.

第二个英译本比较实用,就是由巴克先生翻译并作注的译本,该译本成书于 1948 年,1995 年由 Stalley 教授予以修订。本书有导言和注释,且分段解释,对于初次研习《政治学》的学生,这个译本尤其实用。Aristotle, *The Politics of Aristotle*, edited and translated by Ernest Barker, revised by Richard Stalley, Oxford University Press, 1995.

第三个英译本也是晚近比较新的译本,共分 4 册,分别由几位亚里士多德专家翻译。本书最大的特点就是有详尽的注,这对于研读相关文本的读者来讲,是有极大助益的。The Clarendon Aristotle Series (Oxford University Press) includes translation and commentary of the *Politics* in four volumes: Trevor J. Saunders, *Politics* I－II (1995); Richard Robinson with a supplementary essay by David Keyt, *Politics* III－IV (1995); David Keyt, *Politics* V－VI

(1999）；Richard Kraut, *Politics* VII－VIII（1997）.

（2）《尼各马可伦理学》

《尼各马可伦理学》是一部纯粹的伦理学著作,以对于德性的讨论为核心。对于法科学生来讲,为什么需要仔细研读这样的作品？就我个人来讲,法哲学是政治哲学的一部分,而政治哲学则是广义伦理学的一部分。这是《尼各马可伦理学》一书的基本主旨之一。它是作为《政治学》的前提和前奏而存在的。从另一方面来讲,法理学中有关法律、道德与正义之间的关系,以及德性之于法理学的意义的讨论,在此书中也可得到诸多灵感。刚去世的牛津法理学教授约翰·加德纳这样一位法律实证主义者,在一次有关法哲学方法的访谈中就说到《尼各马可伦理学》一书对于他自己的深刻影响,并建议学生去研读。

与《政治学》一样,《尼各马可伦理学》也有多个英译本。下面的三个英译本可参互着看,每个——尤其是后两个——译本都有相应的注释和术语的解析,非常有助于我们对于文本本身的理解。

Aristotle, *Nicomachean Ethics*, edited and translated by Roger Crisp, Cambridge University Press, 2014.

——translated with Introduction and Notes by C. D. C. Reeve, Hackett Publishing Company, 2014.

——translated, Introduction, and Commentary by Saran Broadie and Christopher Rowe, Oxford University Press, 2002.

〔古希腊〕亚里士多德:《尼各马可伦理学》,廖申白译注,商务印书馆 2003 年版。

2. 阿奎那

在法哲学史上,阿奎那的重要性自不待言。尽管人们会把自然法的源头追溯至斯多葛学派,乃至柏拉图和苏格拉底思想(尤其是著名的有关安提戈涅的故事),但就一种成熟的理论形态来讲,自然法是在阿奎那那里得到系统且经典的表述的,而且更为重要的是,后世大部分有关自然法的重述,以及所谓的"自然法的复兴"都与阿奎那有着直接或间接的联系。现代早期自然法的兴起首先就发源于西班牙的萨拉曼卡学派(School of Salamanca),学派的代表人物维多利亚①和苏亚雷斯都是新经院主义的代表人物,他们的学说就立足于托马斯主义,其作品在很大程度上都是对阿奎那相关论述的推进——或继承,或辩驳,或批判。接着而兴起的世俗版的格劳秀斯以及霍布斯的学说或者是对经院主义的修正,或者就是对经院主义的背叛,无论是作为论说的资源,还是作为批判的矛

---

① 维多利亚的名篇《论美洲印第安人》被誉为现代国际法的开山之作,可参见下文有关"国际法哲学"一节。

头,托马斯主义在其中都扮演着核心角色。到了 20 世纪,其中的情形也并没有发生什么变化,如果我们翻看20 世纪整个自然法学说的复兴史,我们可以非常清晰地看到阿奎那的核心位置:就其中最重要的一些代表来讲,无论是 20 世纪中期的马里旦、耶夫·西蒙,还是 20 世纪后期的格里塞茨-菲尼斯学派、荣海默尔,其理论的基础都是阿奎那。

因此,研习西方的自然法学说,一个不可逃避的人物就是阿奎那。阿奎那的著述甚丰,涉及哲学和神学的各个领域。他最主要的著述是《神学大全》,研习他的政治和法律学说,这是最主要的文本。《神学大全》共分三卷,涉及道德和政治哲学的是第二卷,尤其是第二卷的第二册。他有关自然法、财产、战争、杀人等话题的经典论述都散落在《神学大全》中。另外,还可参考他的另外几部作品:《亚里士多德〈尼各马可伦理学〉诠释》《亚里士多德〈政治学〉诠释》《君王论》。

Thomas Aquinas, *Summa Theologiae*, volume 28, *Law and Political Theory*(《神学大全》第 28 卷:法律与政治理论),Cambridge University Press,2008. 本书是剑桥版 61 卷英拉对照本《神学大全》的第 28 卷,由 Thomas Gilby 翻译并做注释。

——*Treatise on Law*(《论法律》),本书由 R. J. Henle

教授翻译,撰写了一个导言,并做了详细的注释,可作为精细研读的参考。

——*Aquinas*：*Political Writings*(《阿奎那政治著作选》)，edited and translated by R. W. Dyson，Cambridge University Press，2002.

〔意〕阿奎那:《论法律》,杨天江译,商务印书馆2016年版。

3. 经院主义自然法:维多利亚与苏亚雷斯

这里所讲的经院主义自然法,主要就是萨拉曼卡学派。这是16世纪以西班牙萨拉曼卡大学为核心,以研读阿奎那著作而逐渐兴盛起来的一条路向。其中以维多利亚和苏亚雷斯最为知名。维多利亚的《论美洲印第安人》被誉为现代国际法的开山之作。而苏亚雷斯撰写的长达几千页的《论法和作为立法者的上帝》是那个时代最伟大的法哲学著作。根据有些学者的考证,格劳秀斯的《战争与和平法》在很大程度上受到了苏亚雷斯这部著作的影响,甚至有学者(菲尼斯)认为,格劳秀斯在撰写《战争与和平法》的时候,手头可能就放着苏亚雷斯的这部著作。

(1) 维多利亚

Francisco de Vitoria，*Political Writings*(《维多利亚政治著作选》)，edited by Anthony Pagden and Jeremy Lawrance, Cambridge University Press, 1991. 维多利亚一生并没有撰写大部头著作,多是一些讲义。这本书是编者所编的维多利亚几篇重要文章的合集。收录了《论美洲印第安人》(On the American Indians),另外与此篇可参互阅读的篇章是《论战争法》(On the Law of War)。

(2) 苏亚雷斯

Francisco Suárez, *A Treatise on Laws and God the Lawgiver*(《论法与作为上帝的法律》),英译节选本可见《苏亚雷斯著作选》(*Selections from Three Works*, Liberty Fund, 2010)。

4. 当代托马斯主义自然法

对于当代托马斯主义者,可以作为了解之用。了解他们可以帮助我们更深入地理解阿奎那和托马斯主义传统。其中值得关注的人物包括:马里旦、西蒙、罗门(Heinrich Rommen)、荣海默尔。阿奎那的后学在历史上曾在两个时期尤为昌盛。一个是上面所讲的 16 世纪,以西班牙为中心,以维多利亚、苏亚雷斯为代表。第二个时期便是 20 世纪。20 世纪涌现了诸多重要的托马斯主义者,诸如马里旦、朗尼根、吉尔松等。但就法哲学与政治哲学方面来讲,最重要的当属马里旦,他从 20 世纪 30 年代开始撰写大量政治哲学方面的著作,直至其去世,影响深远。另外,他的学生,也是他重要的思想伙伴耶夫·西蒙,其贡献也主要在政治哲学方面,他有关权威的思考与上世纪下半叶英美哲学圈有关权威的探讨有诸多相合之处。西蒙最主要的作品是《民主政府哲学》,另外还有不少讨论权威、实践智慧的作品。只是因为西蒙英年早逝,他规划中的一部哲学百科全书只草拟了一个大纲,留下大量讲稿。他目前出版的一些作品基本上都是他的学生和仰慕者们在他死后从他的讲稿或录音稿中整理编辑的。相比于马里旦和西蒙,罗门可能就不是那么出名了,也没有像他们那样富含创发性。但罗门的两部著作——《自然法》与《天主教思想中的国家》——对于理解自然法哲学却极有助益。《自然法》一书是他的德文著作《自然法的永恒复归》一书的英文增订本,全书第一部分是对自然法学说史的一个精彩的梳理,第二部分则是对自然法中的一些哲学问题的探讨。《天主教思想中的国家》则是对托马斯主义国家理论的一个系统的研究。对于任何一位对自然法的国家理论感兴趣的读者来说,此书必定是一部极好的作品。除这三位已故学者之外,荣海默尔是一位尚在世的学者,他著述甚丰,在道德哲学上的立场与格里塞茨-菲尼斯学派相近,对马里旦等新经院主义的立场多有批评,在政治哲学上则更偏向自由主义。其专著《自然法与实践理性》及他的政治哲学文集《宪政民主制中的共同善》值得关注。

（1）马里旦

〔法〕马里旦:《人和国家》,沈宗灵译,中国法制出版社2011年版。

〔法〕马里旦:《人权与自然法》,吴彦译,商务印书馆2019年版。

（2）耶夫·西蒙

〔法〕耶夫·西蒙:《自然法传统》,杨天江译,商务印书馆2016年版。

〔法〕耶夫·西蒙:《权威的性质与功能》,吴彦译,商务印书馆2016年版。

（3）海因里希·罗门

《自然法》(*The Natural Law：A Study in Legal and Social History and Philosophy*, Liberty Fund, 1998）。

《天主教思想中的国家:论政治哲学》(*The State in Catholic Thought：A Treatise in Political Philosophy*, B. Herder; 1st edition, 1945）。

（4）荣海默尔

《自然法与实践理性》(*Natural Law and Practical Reason*, Fordham University Press, 1993）。

《宪政民主制中的共同善》(*The Common Good of Constitutional Democracy*, Catholic University of America Press, 2013）。

（三）现代早期自然法传统：自然法与万民法

从现代世界开始，格劳秀斯对于法学来讲是一个不可逃避的人物，在以前的人们看来，他被誉为"国际法之父"。但他也是"现代自然法之父"，并且更为重要的是，现代世界正经历前所未有的全球化过程，这使得全球法律秩序成为我们在未来面临的一个核心问题，格劳秀斯作为一位现代国际法的开启者，在我们这个全球化时代，他的思想便有着一种特别的意义。

现代早期的自然法学说最重要的两位代表人物，一位是格劳秀斯，另一位是普芬道夫，都值得予以深入研究。另外，还值得关注的有莱布尼茨、沃尔夫、托马修斯、塞尔登、坎布兰、瓦特尔、哈奇森和苏格兰学派。莱布尼茨以哲学著称，但他也有很多法学著作，对于正义的讨论尤值得我们关注。沃尔夫以他的"大社会"的观念著称于世。至于托马修斯，尽管国内读者对他不了解，但却曾被誉为德国启蒙运动的教父，他的学说与沃尔夫学派的自然法是康德之前德国大学中占据支配地位的两种主要学说，主要著有《神圣法理学要义》和《自然法与万民法纲要》。塞尔登以所谓的闭海论著称于世，与格劳秀斯的自由海洋论针锋相对，主要著有《闭海论》。哈奇森是苏格兰学派的开山鼻祖，该学派不仅孕育了亚当·斯密这样的经济学大家，还深刻影响到后来的休谟。对于他们的著作我在这里就不一一罗列了。

1. 格劳秀斯

《战争与和平法》（第 1—3 卷）（Hugo Grotius, *The Rights of War and Peace* [*Volume* 1-3], edited by Richard Tuck, Liberty Fund, 2005）。由塔克重新编辑的这套《战争与和平法》是目前英语世界相对比较好的一个版本，尤其是把巴比拉克法文本的注释一并翻译了过来，对于研习格劳秀斯的学说甚有助益。

2. 普芬道夫

普芬道夫著述甚丰，最主要的作品是八卷本的《自然法与万民法》。该书有一个简写本《人与公民的自然法义务》，另外，他早期的《普遍法理学要素》也值得关注。在我看来，普芬道夫是一个被严重低估的人物，在康德之前，他的学说曾支配着欧洲整个的道德、政治与法律哲学长达两百年之久。他的著作也被法国（诸如巴比拉克）和英国（诸如哈奇森）的思想家作为教材在课堂上讲读。无论从哪个角度看，他的庞大的自然法体系无疑是中世纪之后康德之前最值得关注的思想体系之一。

《自然法与万民法》（*On the Law of Nature and Nations*）。

《人与公民的自然法义务》。本书目前有两个英译本，多个中译本。

——*On Duty of Man & Citizen*, edited by Tully, Cam-

bridge University Press; Revised ed. Edition, 2008. 这是
"剑桥政治思想史系列"的一本。

——*The Whole Duty of Man, According to the Law of Nature*, edited by Ian Hunter and David Saunders, Liberty Fund, 2002. 这是在自由基金出版社出版的"自然法与启蒙系列"的一本。

（四）社会契约论传统

社会契约论也是一个源远流长的思想传统。在古希腊就已有所倡导。在中世纪晚期,权力的多元结构更是为之后作为国家理论的社会契约论做了基本的思想准备。社会契约论的盛行和逐渐成为主流的政治学说并影响到现实政治主要是在 17、18 世纪。最主要的代表分别为霍布斯、洛克和卢梭。

1. 霍布斯

霍布斯的名声主要在他的政治哲学。他是在反对经院主义的新哲学的框架下来思考问题的。所以《利维坦》一书开篇那些有关感觉、想象力、理性、意志的章节,其论述几乎都是以亚里士多德派的经院主义为靶子的。因此,如果要准确把握《利维坦》,就必须将之放置在这个基本背景之下予以理解。与洛克一样,霍布斯既处于中世纪整个自然法传统的影响之下,又处于新哲学所开启的新的世界

观的影响之下。所以历来有关霍布斯的阐释就有自然法路向(以霍华德·沃伦德为代表)和非自然法路向的差异。除《利维坦》一书外,他的《论公民》一书也极为重要。另外,还有《自然法与政治法原理》等书也值得参照着阅读。

〔英〕霍布斯:《利维坦》,黎思复译,商务印书馆1985年版。

——Leviathan（Clarendon Edition of the Works of Thomas Hobbes）by Noel Malcolm（Editor）, Oxford University Press, 2014. 这本书是牛津版《霍布斯著作集》的其中一册,共三大册,收录了该书的拉丁文本、英文本以及编者撰写的长篇导论。

2. 洛克

洛克在思想史上的影响,主要基于两部著作。一部是理论哲学著作《人类理解论》,这部著作也可以被看成是英国经验主义的集大成之作;另一部就是政治哲学著作《政府论》。《政府论》分上下两篇,上篇以驳斥当时极富影响的菲尔默的学说(有意思的是菲尔默是当时最重要的霍布斯理论的批评者)为主旨,下篇则直述洛克自己的思想。因菲尔默的学说在洛克之后的历史中几乎湮没不闻,所以《政府论》上篇的阅读者寥寥,人们多是直接阅读下篇。当然,这样的读法也无不可,但是要深入理解洛克的思想架构,上篇也尤应予以关注。《政府论》一书

法哲学的视界

影响深远,不仅在思想史上留下了深刻的印记,在现实政治中也有巨大影响,尤其是对于美国建国的影响。20世纪后半叶,洛克死后的一些手稿被转运至牛津大学,并被一些学者发现和重新整理编辑出版,这也引发了后来一段时间洛克研究的热潮。在这批手稿中,有一部早期的作品,原文是用拉丁文写成的,体例依照中世纪论辩的模式,先是提出问题,接着是解答,再接着是给出解释和理由。英美的两位学者分别翻译了这个文本,并附加了大量评注,冠名《自然法问答录》。从此书中,我们也可以看到从阿奎那经由胡克再到洛克的发展中所发生的一些变化。由此,我们也可以看到在洛克身上,自然法传统与现代社会契约论传统的某种重要且值得关注的张力。

（1）《政府论》

〔英〕洛克:《政府论》(上、下篇),瞿菊农、叶启芳译,商务印书馆1982年版。

——*Two Treatises of Government*, edited by Peter Laslett, Cambridge University Press; Student Edition, 1988.

（2）《自然法问答录》

——*Essay on the Law of Nature*, W. von Leyden.

——*Questions Concerning the Law of Nature*, edited and translated by Diskin Clay, Robert Horwitz, Jenny Strauss Clay, Cornell University Press, 1990.

3. 卢梭

〔法〕卢梭:《社会契约论》,李平沤译,商务印书馆2017 年版。

——*The Social Contract and Other Later Political Writings*, edited and translated by Victor Gourevitch, Cambridge University Press; Second Edition, 2018.

(五) 德国法哲学传统

1.康德

康德最主要的政治哲学和法哲学作品就是《道德形而上学》的第一部分《法权学说的形而上学基础》(*Rechtslehre*)。另外,除这本主要著作之外,还需仔细研读的是两个小册子,一是《永久和平论》,二是《论俗语》。当然,除开这三部专门讨论政治哲学和法哲学的作品之外,康德的历史作品和道德哲学作品,尤其是《普遍历史》和《道德形而上学奠基》,对于我们理解一个更为综合的康德政治哲学和法哲学来讲也是不可或缺的。当然,从更广的角度来讲,要深入理解康德的法哲学,我们可能还要从总体上把握康德的整个理论哲学。《法权学说的形而上学基础》有多个版本,我主要用的是两个版本,一个是收录在科学院版康德全集中的版本,另一个是晚近由路德维希(Bernd Lugwig)教授重新编排的新版本。懂德文的同学可以直接阅读。另外,此书也有多个英译本,比较好的是剑桥大学出版社出版的由玛丽·格里格尔女士翻译的最新译本。另外,中译本目前也有三个,一个是最早沈叔平的译本,这个译本最大的问题在于他所依据的英译本并不可靠,目前基本上已经被弃用。另外两个分别是李秋零的译本和李明辉的译本。相对来讲,李明辉译本要更好一点,读者可参考着读。

The Metaphysics of Morals, edited by Lara Denis, trans. Mary Gregor, Cambridge University Press, 2016.

Metaphysische Anfangsgründe der Rechtslehre : Metaphysik der Sitten, edited by Erster Teil and Bernd Ludwig , Meiner Felix Verlag, 2018.

〔德〕康德:《道德底形上学之基础》,李明辉译,联经出版社 1990 年版。

2. 黑格尔

黑格尔最主要的法哲学著作自然是他的《法哲学原理》,目前该书有多个英译本,最可参考的应该是收录在"剑桥政治思想史系列"中的由艾伦·伍德(Allen Wood)编辑的版本。该书的中译本目前有两个,一个是商务印书馆出版的译本,另一个是邓安庆新译的版本。

Hegel, *Elements of the Philosophy of Right*, edited by Allen Wood, Cambridge University Press, 1991.

——*Grundlinien der Philosophie des Rechts oder Natur-*

recht und Staatswissenschaft im Grundrisse, Suhrkamp Verlag KG，2000.

〔德〕黑格尔:《法哲学原理》,范扬、张企泰译,商务印书馆 2017 年版。

——《法哲学原理》,邓安庆译,人民出版社 2016 年版。

（六）功利主义和法律实证主义传统

1. 边沁

在思想史上,边沁以他的功利主义学说著称于世。他是功利主义的鼻祖。20 世纪下半叶,尤其是在哈特的推动下——通过编辑边沁生前未出版的文稿以及对于边沁的研究,边沁的法律实证主义开始逐渐为人们所认识,甚至在很多人看来,奥斯丁的法律理论更是一个简版的边沁。因此,法律实证主义从边沁开始(甚至也可以追溯至霍布斯),经由奥斯丁,再到当代的哈特及其诸弟子,形成了一个源远流长的思想传统。边沁的著述颇为丰富,其中尤其以法哲学著作为主。因为汉语学界对边沁相比较来讲比较陌生,我就多列了一些篇目。其中,除《道德与立法原理导论》这部耳熟能详的作品之外,尤其值得关注和研究的有《刑法的界限》和《宪法典》。

《道德与立法原理导论》(*An Introduction to the Principles of Morals and Legislation*, edited by J. H. Burns and H. L. A. Hart, Oxford University Press，1970)。

《宪法典的第一原理》(*First Principles Preparatory to Constitutional Code*, edited by T. P. Schofield, Clarendon Press, 1989)。

《宪法典》(第一卷)(*Constitutional Code*, vol. 1, edited by F. Rosen and J. H. Burns, Oxford University Press, 1983b)。

《刑法学的界限》(*Of the Limits of the Penal Branch of Jurisprudence*, edited by P. Schofield, Oxford University Press, 2010b)。

2. 奥斯丁

奥斯丁的作品并不多,唯一在世出版的是他的《法理学范围之限定》(*The Province of Jurisprudence Determined*)。后来,他的遗孀为他编辑出版了两卷本的《法理学讲义或实在法哲学》(*Lectures on Jurisprudence or the Philosophy of Positive Law*)。《法理学范围之限定》目前有两个版本,一个是哈特编辑并撰写导言的版本,另一个是晚近收录在"剑桥政治思想史系列"中的由 Rumble 编辑的新版本。

John Austin, *The Province of Jurisprudence Determined*, edited by Wilfried Rumble, Cambridge University Press, 2010.

——*The Province of Jurisprudence Determined and the Uses of the Study of Jurisprudence*, edited by H. L. A. Hart,

Hackett Publishing Company, 1998.

三、当代法理学

  当代法理学呈现出学派林立的状态。在这里,我并不准备去罗列所有这些不同的学派,并给出一个"完备"的书单。正如我在之前所一直强调的那样,我在这里所给出的书单是在我看来最为"紧要"的书单,或者说是那些构成我们基本的知识背景的东西。针对当代法理学所呈现出来的状态,我们大致可以把对法律的研究视为这样三条不同的路径(approach)①。而各种不同的路径往往会形成各种不同的学说,就这些不同路径的法理学来讲,我们研习它们的方式也会有所不同。

---

① 当然,在这里我试图用"研究路径"(approach)这个概念,而不是用"学说"(doctrine)这样一个概念。因为"学说"所代表的是一种"立场"(诸如法律实证主义立场与自然法立场),而"研究路径"所代表的则是一种研究方式上的差异。我们可以综合不同的研究路径,却无法综合某些对立的立场。比如在自然法与法律实证主义之间,我们不可能作出某种"综合"。而至于我们是以"法律是什么的方式"来研究法律,还是以"法律应当是什么的方式"来研究法律,或者是以"法律实际的运行是什么"的方式来研究法律,其间只有侧重点的差异,而没有立场的差异。比如自然法理论,或者说就一种真正有说服力的自然法理论来讲,它肯定要去研究法律实际存在的状况,而不能仅仅凭借某些道德理念径直对之作出评价。在这个意义上,我们也可以看到,发生在中国学界的有关"法教义学"与"社科法学"的争论,就实质来讲,只不过是一种研究方式上的差异而已,而根本不是实质立场上的分歧。

路径	1. 分析-描述的	2. 历史-社会学的	3. 规范/伦理的
主要立场	法律实证主义	历史法学、社会法学、法律现实主义	自然法

　　第一条路径就是对于法律本身的分析,这构成了我们目前所谓的"分析法理学"最核心的内容。拉兹认为分析法理学要处理的主要是三个领域的问题:"1.司法过程和司法推理的特征;2.对于法律概念(权利、义务、所有权、法律人格)和各种不同种类的法律标准(规则和原则、施加义务的标准和授予权力的标准)的讨论;3.法律体系的观念以及法律体系所拥有的那些将它自己与其他体系区分开来的特征。"①

　　第二条路径就是将法律和法律体系作为一个自然对象予以科学研究,或将之与其他社会现象予以比较性研究的一条路径。就这样一条研究路径来讲,我们可以看到法律的社会学研究、法律的经济学研究以及在人类学、心理学、宗教学等学科之中来观察法律之性质、运作及其效果的一些交叉性研究。当然,这样一种研究的可能性正是在于法律这样一种现象是人类进化进入到高级阶段所展现出来的一种东西,因此法律与人的各种"社会现象"(诸如合作、冲突)和"心理现象"(诸如意识、情感、信

---

① Joseph Raz, *The Authority of Law* (*Second Edition*), Oxford University Press, 2009, p. 103.

念)都有着某种或直接或间接的联系,而且对于这种联系的探查对于理解法律是极有助益的。当然,就这样一条路径来讲,因为法律最核心的是作为一种社会制度而存在的,所以我们也可以用"法律社会学"(Sociology of Law)或"社会法理学"(Sociological Jurisprudence)或"社会-法律研究"(Socio-Legal Studies)这样一些广义的名称来指称这样一条研究路径,也就是把法律作为一个客观的"自然对象",亦即作为"社会现象"予以研究的一条路径。①

第三条路径是把法律作为一个被评价的对象,亦即研究"法律应该是什么"(what the law ought to be),而不是"法律是什么"(what is the law)的问题。有些学者也将之称为"规范法理学"(normative jurisprudence),以区别于研究"法律是什么"的描述法理学(descriptive jurisprudence)或分析法理学(analytical jurisprudence)。当

---

① 在这里,我并不准备详尽地去区分这样一些有着不同传统的法律社会学研究。比如,在某些学者看来,"法律社会学"与"社会学法理学",前者的主要思想先驱有美国的庞德(Roscoe Pound)、奥地利的埃利希(Eugen Ehrlich)以及俄国人古维奇(Georges Gurvitch)和波兰人彼得拉日茨基(Leon Petrazycki)等法学家,而后者的先驱则更多的是一些社会学家,诸如涂尔干、韦伯。再者,所谓的社会法律研究更多的是在英国被予以表述,而在美国则通常被称为法律与社会研究(Law and Society Scholor),而在欧洲大陆,则更喜欢被称为法律社会学。比如牛津大学法学院就有一个所谓"社会-法律研究中心"。

然,就这种研究路径来讲,其中最重要的理论就是自然法理论。

就当代法理学所展现出来的整体状态来讲,各条不同的路径都为我们更好地理解法律提供了充足的思想资源。分析法理学关注的重点是"实在法"本身,自然法理论则将注意力放置到了实在法背后的"合法性根据"上,而法律社会学则旨在探查实在法与其他各种人类现象之间的关联。因此,一种在立场上太过排斥其他研究方式从而制造太过分明之界限的法理学(或法哲学)在某种程度上会忽视诸多重要的洞见。就一种恰当的(sound)法理学研究而言,它需要法律社会学的研究以作为它的"素材"(data),需要分析法理学的研究作为它的"工具",从而在一个自然法的总体框架中来理解和践行法律。

现代英美法理学基本上是由这几个人所支配的:一个是以哈特为开拓者的牛津法哲学,其中的核心人物是德沃金、拉兹与菲尼斯,另一个是与哈特采取不同路径的凯尔森,还有一个就是富勒。他们这六个人基本上构成了当代英美法理学的总貌:一条是法律实证主义立场,其核心的人物就是哈特、凯尔森和拉兹;另一个条则是自然法立场,其核心的人物是富勒和菲尼斯,德沃金则被归为第三条道路。

(一) 分析法理学

1. 哈特

H. L. Hart, *The Concept of Law*(《法律的概念》), Oxford University Press, 1961, 2nd ed., 1994; 3rd ed., 2012. 到目前为止,《法律的概念》一共出了三个版本,第一版出版于 1961 年;第二版出版于哈特死后第二年(1994年),由拉兹与 Bulloch 编辑而成,第二版并没有对原书作修改,就是增加了一个"附录"(Postscript),这个附录后来成为区分包容性实证主义与排他性实证主义的重要文献。

——*Law, Liberty and Morality*(《法律、自由与道德》), Stanford University Press, 1963.

——*Essays in Jurisprudence and Philosophy*(《法理学与哲学论文集》), Oxford University Press, 1984. 这是哈特一生撰写的主要论文的合集,其中尤其需要仔细阅读的是第一篇《法理学中的定义和理论》和第二篇《实证主义和法律与道德的分离》。

——*Punishment and Responsibility*(《惩罚与责任》), Oxford University Press, 1975, 2nd ed., 2008.《惩罚与责任》共出版有两个版本,一个是 1975 年的版本,一个是 2008 年的版本,加德纳为第二版撰写了一个长篇导言。

——*Essays on Bentham: Jurisprudence and Political*

Theory(《论边沁：法理学与政治理论》)，Oxford University Press，1982.

2. 凯尔森

Hans Kelsen, *Reine Rechtslehre*（*Pure Theory of Law*）（《纯粹法学》）。《纯粹法学》共有两个版本，两个版本相互之间多少有着一些差异。第一版极其精简，且透有强烈的新康德主义色彩，第二版是对第一版的一个极大的扩充，并且就其内容来讲，新康德主义的味道变淡了很多。但就凯尔森的研究来讲，这两个版本都极为重要。第一版由 Paulsen 译为英文：Hans Kelse, *Introduction to the Problems of Legal Theory*, Oxford University Press, 1992；第二版则由 Max Knight 于 2009 年译为英文：Hans Kelsen, *Pure Theory of Law*, The Lawbook Exchange, 2009。另外，Matthias Jestaedt 教授于 2017 年重编了《纯粹法学》的第二版，出版了《纯粹法学》的研究版：Hans Kelsen, *Reine Rechtslehre*（Studienausgabe, der 2. Auflage, 1960），Mohr Siebeck, 2017。

——*General Theory of Law and State*(《法与国家的一般理论》)，Transaction Publishers，2005.

——*Allgemeine Staatslehre*（《一般国家学说》），Steiner Franz Verlag，2009.

——*General Theory of Norms*(《规范的一般理论》)，

Oxford University Press，1991.

——"Foundations of Democracy"（《民主的基础》），in *Ethics*. 中译本见《民主之基》，张书友译，即出。

3. 拉兹

Joseph Raz，*The Authority of Law：Essays on Law and Morality*，Oxford University Press.《法律的权威》目前有两个版本，第一个版本出版于 20 世纪 80 年代，2009 年又出版了它的第二版。

——*Between Authority and Interpretation：On the Theory of Law and Practical Reason*（《在权威与解释之间》），Oxford University Press，2010.

——*Ethics in the Public Domain：Essays in the Morality of Law and Politics*（《公共领域中的伦理学》），Oxford University Press，1996.

——*The Morality of Freedom*（《自由的道德》），Oxford University Press，1988.《自由的道德》是拉兹非常重要的一本论述其政治哲学的专著，要很好地理解他的法律理论，研读此书也是不可或缺的。

——*Practical Reason and Norms*，Oxford University Press，1999. 中译本见〔英〕拉兹：《实践理性与规范》，朱学平译，中国法制出版社 2011 年版。

(二) 自然法与非实证主义

1.富勒

Lon Fuller, *The Morality of Law*（*Revised Edition*）(《法律的道德》), Yale University Press, 1977. 中译本见〔美〕富勒:《法律的道德性》,郑戈译,商务印书馆 2005 年版。

——*Principles of Social Order : Selected Essays of Lon L. Fuller*(《社会秩序原理:富勒论文选集》), edited by Kenneth Winston, Hart Publishing, 2002. 这本书是 Winston 编辑的文选,主要反映的是富勒后期有关良好秩序的思考。

——*The Law in Quest of Itself*(《追寻其自身的法律》), The Lawbook Exchange, 2012.

——"Positivism and Fidelity to Law : A Reply to Professor Hart", *Harvard Law Review*, Vol. 71, No. 4 (Feb. 1958), pp. 630 – 672.

2. 菲尼斯

John Finnis, *Natural Law and Natural Rights*(《自然法与自然权利》), Oxford University Press, 1980, 2011.《自然法与自然权利》是菲尼斯的成名作,也是最出名的作品。此书初版于 1980 年,2011 年出版了该书的第二版,菲尼斯为该版本增加了一个长篇的"后记"(从一定意义上可以说是在模仿哈特的《法律的概念》一书)。对于任何一个读者来讲,要更好地理解菲尼斯的思想,除《自然法与自然权利》一书外,还必须研读《阿奎那》一书。从某种意义上来说,《自然法与自然权利》与《阿奎那》两书是菲尼斯最主要的两部作品。尽管如果要深入理解他,我们还必须研读他的大量的论文,这些论文中的一部分于 2011 年被集结成五卷本的《论文集》。另外,根据菲尼斯本人的打算,他还准备出版从第 6 卷至第 10 卷的《论文集》。

——*Aquinas: Moral, Political and Legal Theory*(《阿奎那:道德、政治与法律理论》),Oxford University Press,1998. 中译本见〔英〕菲尼斯:《阿奎那:道德、政治与法律理论》,吴彦译,商务印书馆 2020 年版。

〔英〕菲尼斯:《自然法理论》,吴彦编译,商务印书馆 2016 年。这是笔者编译的一本菲尼斯的文集。收录有菲尼斯撰写的三篇文章。初学者可仔细研读前两篇文章,这两篇文章是菲尼斯为斯坦福哲学百科全书撰写的词条,极其精炼地概述了他的主要的道德、政治和法律学说。

〔美〕格里塞茨:《实践理性的第一原则》,吴彦译,商务印书馆 2015 年版。

〔美〕格里塞茨、〔加拿大〕波义尔、〔英〕菲尼斯:《实践原则、道德真理与最终目的》,吴彦译,商务印书馆

2019 年版。

3. 德沃金

Ronald Dworkin, *Law's Empire*(《法律帝国》), Hart Publishing, 1998.

——*Taking Rights Seriously*(《认真对待权利》), Bloomsbury Academic, 2013.

——*Justice for Hedgehogs*(《刺猬正义》), Harvard University Press, 2011.

4. 其他可涉猎的著者与作品

就当代法理学中的自然法与非实证主义路向而言，上面三位学者尤其值得进行深入的了解和研究。除这三人之外，还有以下几位学者的作品值得关注。

(1) 自然法法学家

Mark Murphy, *Natural Law in Jurisprudence and Politics*(《法学与政治学中的自然法》), Cambridge University Press, 2009.

——*Natural Law and Practical Rationality*(《自然法与实践合理性》), Cambridge University Press, 2001.

——"Natural Law Jurisprudence"(《自然法法理学》), *Legal Theory* 9 (2003), pp. 241–267.

Michael Moore, "Law as a Functional Kind"(《作为功能类型的法律》), in Robert George (ed.), *Natural Law*

Theory, Oxford University Press, 1992, pp. 188 - 242. 摩尔的法律的功能主义学说主要是在这篇文章中得到阐发的。这里所谓的"functional kind"指的是就"法律"这样一种东西来讲,它的身份或它的同一性(identity)是通过"功能"而被确定的,或者说,就那些被称为"法律"的东西而言,它们因共同分享相同的功能而被归为一个门类,亦即"法律"这个门类之下。

——"Law as Justice"(《作为正义的法律》), in *Social Philosophy and Policy*, volume 18, 2001, pp. 115 - 145.

(2) 自然法与自由主义

Christopher Wolfe, *Natural Law Liberalism*(《自然法的自由主义》), Cambridge University Press, 2006.

(3) 阿列克西的非实证主义

〔德〕阿列克西:《法概念与法效力》,王鹏翔译,商务印书馆 2015 年版。阿列克西还有不少其他著作,更有被翻译进来的中译本,在此就不一一列数了,有兴趣的同学可酌情参看。

(4) 沃尔德伦

Jeremy Waldron, *God, Locke and Equality: Christian Foundations in Locke's Political Thought*(《上帝、洛克与平等:洛克政治思想的基督教基础》), Cambridge University

Press, 2008. 中译本见《上帝、洛克与平等》,郭威等译,华夏出版社 2015 年版。这是沃尔德伦一部研究洛克政治哲学的经典作品。

——*The Right to Private Property*(《私有财产权》),Oxford University Press, 1991. 这是沃尔德伦早期的一部著作。他的博士生导师分别为牛津大学法学院的德沃金和牛津大学政治系的艾伦·瑞安(Alan Ryan),瑞安以研究财产的政治理论成名,他的成名作《财产与政治理论》(*Property and Political Theory*, Wiley-Blackwell, 1984)与沃尔德伦的这本著作都可算是 20 世纪后半叶财产法哲学中的经典之作。

(三) 社会-历史路向的法理学
——法律社会学、法律现实主义、历史法理学

就我看来,法社会学方面的著作涉猎还是应该以专研核心社会学家(哲学家)的著作为中心,主要包括以下几位人物:马克思、韦伯、涂尔干、卢曼、哈贝马斯。而像梅因、美国法律现实主义者(卢埃林和弗兰克)和斯堪的纳维亚的法律现实主义者(黑根斯托姆、罗斯)可做相应的涉猎等,再比如有些人物,比如庞德,或许对于我们了解一个概貌有些帮助,但作为精细专研的对象,就没有太大必要了。对于这一脉学者的著作,我就不一一罗列了。

四、辅助阅读部分：导读、思想史及参考书

对于法理学的初学者，如果径直阅读经典原著，不仅难以进入，而且可能会因为关注点的集中而无法把握法理学的概貌，从而在一知半解和模糊的印象中虚度时光。所以，在阅读经典著作之前，研读一些导论类和思想史类作品在一定意义上是有必要的。这可以帮助初学者对这个学科有一个总体性的了解和初步的把握。让他们知道有哪些人、哪些学说、哪些论题是这门学问所应关注和研讨的，从而在阅读经典文本和研究经典论题的时候有一个基本的背景性知识。

就导论类和思想史类作品来讲，并不需要像阅读经典作品那样反复研读、仔细推敲、字字句句予以斟酌。对于这类作品，或许最好的方式就是找一本或两本仔细研读，其他则作为辅助性的材料稍加翻看即可。简言之，这类作品的主要作用在于培养我们对于法理学的一种总体性的"了解"。当然，在我们尚未对经典作品和经典人物进行深入研究之前，这里的了解顶多只能算是一种"了解"而已，而很难说是一种"把握"和"理解"。所以在这里，我们需要加以注意的是，我们的阅读一定不能止步于这类导论性作品，不然，你就很有可能永远都站在学问的大门之外徘徊，而无法径直走进去。

在晚近这 30 多年中，中文学界已引入多种有关法理学的导论性作品。既包括美国和英国的，也包括德国和法国的。正如我在前面一章中所指出的那样，尽管法理学其根本的旨趣是为了提供一种"一般性"理论（general theory），但是，因其看待对象的视角、运用的方法以及学问路径的差异，所以对于其所关注的问题、立足的立场以及由此而表现出来的特征，各国法理学相互之间都有所差异。考虑到国内读者在语言上的问题以及自己涉猎上的偏好，我在下面所列的推荐文献，主要考虑的是英语世界目前比较流行、同时在我看来也比较好的作品。当然，德语世界的这类书籍也非常之多，它们体现了德语世界有关法哲学的某种理解。不过，对于这类作品，不管是德语世界还是英语世界的，其主要的目的还是给我们提供一个大致的框架（思想史的以及逻辑的）。研习法理学真正的要点不在这里，所以，无论是有德国法哲学倾向的著作，还是英美法哲学倾向的著作，对于我们研习法理学的实质来讲其差异并不是太大。所以，读者们无需对这部分的推荐书目有过多国别上的考虑。

不过在这里，还有一点需加以说明。或者，这也是我对于如何选择和阅读这类作品的一个看法——这类作品应当体现某种"时效性"和"时兴性"。也就是说，对于这类作品，我们应当去阅读那些最新出版或不断再版更新的作品。这也是我没有推荐博登海默的《法理学:法律哲学与法律方法》的原因。虽然此书在 20 世纪八九十年代的中文学界影响甚巨,发行量惊人,影响了一两代法理学人,并且在目前仍被很多高校老师推荐给学生阅读。但是,此书最大的问题就是没有跟上法理学发展的步伐。全书值得阅读的部分是有关"法哲学史"的论述(第一部分)。而对于本书的第二部分,因为博登海默自身并没有独立且有影响力的法律学说,所以就我个人来讲,该部分的论述在目前看来并没有太大的研读价值。因此,恰如我在下面的书单中所指出的那样,值得阅读的导论性作品或是那些能呈现法理学最新进展或法理学之总体面貌的作品,或者是那些经典法理学家撰写的体现其自身思想的导论性作品(比如下面我推荐的德尔·维基奥和拉德布鲁赫的作品)。

(一) 导读

对于导论类的作品,我们大致可以将之分为两类。一类是个人立场相对不明显的导论类作品;另一类是有着明显的个人印记,且有着鲜明的个人立场的专著类作品,比如下面我列出的拉德布鲁赫的《法哲学入门》,德尔·维基奥的《法哲学教程》。对于这些书,我们既可以将之作为导读性的作品予以研读,也可以作为某种特定法哲学立场之体现的作品予以研读。所以,我们在阅读这些不同类型的导论类作品的时候，要明了这里的差异。

对于这两类作品，它们各有其优劣。专论类作品更多地会展现作者对于整个法理学的总体看法，但对于各个论题，可能并无法一一呈现，并且对于这些论题的论述，因其特定的立场，往往无法以中立和全面的方式予以呈现。但是，恰恰是这种或带贬低或带褒扬的态度，会让我们看到各派学说之纷争的要点之所在。专论类作品的缺点，恰恰是无明显立场的其他导论类作品的优点之所在。后一类作品，因其中立的立场，往往会将各派学说在各个不同问题上的论述详尽地呈现出来，从而让我们看到论争的总貌以及立场的多元。当然，恰如我在其他地方所一再指出的那样，就一名成熟的学者来讲，在最终意义上不是要全面地"知晓"各个问题的各种答案，而是要形成"他自己"有关各个问题的一种"融贯"且"特定"的立场。而这个立场的形成既有赖于对问题的深入且切近的思考，也有赖于对相对立的立场的批判和检讨。所以，就初学者来讲，分清其中的差异及明了自己为学的真正目的，从而恰当地选择这类作品予以研读是极为重要的。

Brian H. Bix，《法理学：理论与语境》（第七版）（*Jurisprudence : Theory and Context*［*Seventh Editon*］, Thomson Reuters，2015）。比克斯目前是美国明尼苏达大学法学院教授。1991 年在拉兹指导下，以《维特根斯坦与法律

的确定性》一文获得牛津大学博士学位。比克斯在学术上并没有什么独创贡献,但他却有着极强的梳理和把握要点的能力,这也使得他的这部《法理学》一版再版,成为英语世界一本极为畅销的教科书。该书的一个最大特点就是概括清晰,简单明了,对于我们理解西方当代法理学的总貌有着极大的帮助。全书分为四个部分,第一部分概述了晚近法理学针对"法律理论的性质"而产生的有关方法论的争论;第二部分则以"法律的性质"为主线梳理了哈特、凯尔森、菲尼斯、富勒、德沃金这五位在当代英美法理学中占据主流地位的法哲学家的基本观念和立场;第三部分概述了当代法理学中那些被一再争论的基本问题;第四部分则梳理了其他法哲学流派以及部门法哲学的一些基本要点。

Michael Freeman,《法理学导论》(第九版)(*Lloyd's Introduction to Jurisprudence* [*Ninth Edition*], Sweet & Maxwell, 2014)。这本法理学教材应该说是英美法理学界被沿用最久的一部作品。最初由丹尼尔·劳埃德(Dennis Lloyd)所著(1959年第一版),后来经由弗里曼教授多次修订,一版再版。本书的最大特点就是摘录了大量一手阅读文献,因此全书篇幅长达一千多页。不过,对于任何初学者来讲,在无法一下子阅读全部一手文献的情况下,阅读由作者精心摘录的篇章,不得不说是一件事半功倍的事情。不过让人感到遗憾的是,中译本却省略了全部这些一手阅读文献,从某种意义上讲,这恰恰是把该书最精华的东西给剔除掉了。因为在我看来,研习法理学的过程无非就是要逐步培养起阅读一手文献的能力,而在初学者尚无法分辨一手文献中哪些重要哪些不重要的时候,这样一种经由著者精挑细选过的文献对我们来讲无疑是莫大的助益,直接阅读在很大程度上有助于培养今后阅读原文的能力。

Raymond Wacks,《理解法理学:法律理论导论》(第五版)(*Understanding Jurisprudence*〔*Fifth Edition*〕, Oxford University Press, 2017)。① 瓦克斯的这部作品应该说是最通俗的一部法理学入门书,适合刚接触法理学的学生使用。与瓦克斯的这部作品具有类似特点的书还有:Ian Mcleod,《法律理论》(第六版)(*Legal Theory*, Palgrave, 2012); J. E. Penner,《法 理 学 教 科 书》(第 五 版)(*McCoubre & White's Textbook on Jurisprudence*, Oxford University Press, 2012)。

J. W. Harris,《法哲学诸理论》(第二版)(*Legal Philosophies*〔*Second Edition*〕, Oxford University Press, 2004)。哈里斯是牛津大学法学院已故法理学教授

---

① 中译本可见〔英〕瓦克斯:《读懂法理学》,杨天江译,广西师范大学出版社 2016 年版。

（1973—2004 年执教于牛津大学）。本书比较详尽地梳理了当代法理学的各种不同学说。因其身处牛津法理学的中心，对于相关的一些人和一些论题有着切身的体会和认识，因此在相应论述中往往有其独到的见解，值得予以参考。

Nicholas J. McBride and Sandy Steel，《法理学中的伟大争论》（*Great Debates in Jurisprudence*，Palgrave，2014）。本书的一个比较大的特点就是围绕着法理学的论争来展开，而不是像很多其他导读类书籍那样围绕着人物或学派而展开。本书勾勒了法理学中的以下几个基本问题：(1)法的性质，围绕各个不同法理学家有关法律是什么的不同看法而展开；(2)法的规范性，这是哈特在批判奥斯丁的"以威胁为后盾的命令"这一法律概念的过程中，引发出来的一个核心问题；(3)承认规则，这是哈特法理学的一个核心观念，也是晚后有关法律体系的同一性、延续性等问题的关键要点；(4)合道德性与合法律性，讨论的主要是富勒的学说；(5)自然法；(6)司法裁判和解释，其所讨论的核心人物是德沃金；(7)守法义务；(8)道德和权利；(9)正义；(10)道德的法律强制；(11)研究法理学的价值。

Mark Murphy，《法哲学》（*Philosophy of Law：The Fundamentals*，Sweet & Maxwell，2006）。墨菲是菲尼斯之后

新兴的一代自然法学家中最重要的一位。本书是他为基础系列所撰写的一本有关法哲学的导引。全书篇幅不大,并且也没有论及诸多问题,不过从中可以看到自然法学说的一些核心要点。

Niel E. Simmonds,《法理学中的核心论题》(第五版)(*Central Issues in Jurisprudence* [*Fifth Edition*], Sweet & Maxwell, 2018)。西蒙斯是剑桥大学法理学教授,他的成名作是《作为道德理念的法律》(*Law as a Moral Idea*, Oxford University Press, 2007)。《法理学中的核心论题》一书围绕着"正义""法律"与"权利"这三个在作者看来是最核心的问题,通过梳理当代法理学的各种不同立场,来进一步阐发他在前一本书中所表达的一些核心观点。

Andrei Marmor,《法哲学》(*Philosophy of Law*, Princeton University Press, 2011)。马默是拉兹的学生,也是排他性法律实证主义的代表人物之一。本书既可以作为法哲学的一本引论,也可以被看成是他自己法哲学观点的一种集中表述。

Giorgio Del Vecchio,《法哲学教程》(第八版)(*Philosophy of Law*, The Catholic University of America Press, 1953)。德尔·维基奥是意大利著名的新康德主义者。本书是他最重要的一本著作,系统地阐述了他有关法哲学的基本思想。全书分为两大部分,第一部分是对法哲学史的一个考察和梳理,第二部分则是对法哲学体系的一个系统解读,勾勒了他自己有关法哲学的基本想法。本书既可作教材使用,也可作研究德尔·维基奥本人或作研究新康德派的法哲学之用。本书原文为意大利语,后来译成多国语言。读者可参考英译本和德译本。其中德译本还附有长篇导读:"德尔·维基奥与新康德主义的观念论法哲学"。

〔德〕拉德布鲁赫:《法哲学入门》,雷磊译,商务印书馆 2019 年版。

(二) 思想史

有关思想史的著作,需要强调的主要有这样三点。第一,很多导读性的著作,亦即上面我推荐的著作,都有一部分是专门用来梳理思想史的。比如德尔·维基奥的《法哲学教程》,前半部分就是有关法哲学史的梳理,第二部分才是有关法哲学问题的讨论,因为在有些人看来,法哲学史就是法哲学的一部分,就像很多哲学家所认为的哲学史就是哲学的一部分那样。第二,因为法理学史与政治思想史以及伦理学史有着极为密切的联系,有些地方是重叠在一起的,所以,除专门的以法律思想为主题的著作外,我们同时还应关注政治思想史和伦理学史。第三,就有关思想史与导读性著作来讲,我们也可以将之分为两个有着不同特点的门类——一类是相对"客观"

的梳理,就是不带笔者很强的法哲学立场的一种对于思想史本身的相对客观的描述(当然,一种纯粹的客观的描述是不可能的);另一类思想史著作则有着强烈的个人法哲学立场,他是带着立场来看待历史的,并对其他各派学说作出评价。比如罗门撰写的《自然法》一书前半部分就是对于自然法史的梳理,这种梳理在很大程度上立足于他自己的法哲学立场。所以说,这两类作品各有优劣,读者在阅读的时候可斟酌考量。

另外,根据历史探讨的时间和地域的维度,历史作品还可大致分为以下几个类别:一是通史类,二是断代史类,三是国别史类。在我们专门去关注某个特定时代或某个特定国度的法哲学或法律思想史的时候,专门阅读特定国别或特定时段的思想史对于我们深入理解这个国度或这段时期内的思想状况可能会有更大帮助。因此,我把非通史类作品放到了进一步阅读书目之中,任何一位想进一步了解某个特定时期的学人可进一步阅读这些作品。

J. M. Kelly,《西方法律理论简史》(*A Short History of Western Legal Theory*, Oxford University Press, 1985)。凯利一书成书于30多年前,尽管是30多年前的一本著作,但到目前为止,仍然是一本不可多得的有关法律思想之演变的著作。

Shirley Robin Letwin,《法律观念史》(*On the History of Idea of Law*, Cambridge University Press, 2009)。

〔美〕卡尔·弗里德里希:《历史视域下的法哲学》,商务印书馆 2019 年版。弗里德里希是二战时期流亡美国的德裔政治哲学家,本书是他有关法哲学史的一个非常精要的梳理。

〔美〕罗门:《自然法》(*The Natural Law: A Study in Legal and Social History and Philosophy*, translated by Thomas R. Hanley, Liberty Fund, 1998)。

"法哲学与一般法理学系列丛书"第 6—12 卷。"法哲学与一般法理学"由意大利法学家帕特洛(Enrico Pattaro)主持编辑。全套书目前已出版 12 卷。前 5 卷是对于一些法理学的问题的讨论。从第 6 卷开始一直到 12 卷讨论的是思想史。在我看来,这套书是目前英语世界最全面的一部法哲学史,全书根据不同论域而由专攻该论域的知名学者撰写完成,可以说是目前水平最高的一部法哲学史,值得仔细研读。当然,这种"专家式"的撰述风格在近年来越来越成为一种普遍的写作手法。这在一定意义上源于晚近几十年西方学者在学科方面做的巨大的贡献,而使之变得越来越精细和专业,从而使得一个人几乎无法在整个思想史领域做全面的研究。当然,从另一个角度看,这样一种风格也使我们对于思想史的理解变得越来越碎片化,我们越来越缺乏一种对于思想史的总体性的把握。在这里,我倒建议读者在阅读这样的"专家式"思想史论著之外,可参互地阅读其他一些更具综合性和总体性视角的著作,比如上面我推荐的罗门的著作和弗里德里希的著作。

第6卷《从古希腊到经院主义的法哲学史》(*A History of the Philosophy of Law from the Ancient Greeks to the Scholastics*, edited by Fred D. Miller, Jr. in association with Carrie-Ann Biondi)。

第7卷《法学家的法哲学:从古罗马到17世纪》(*The Jurists' Philosophy of Law from Rome to the Seventeenth Century*, edited by Andrea Padovani and Peter G. Stein)。

第8卷《普通法世界的法哲学史:1600—1900》(*A History of the Philosophy of Law in the Common Law World*, 1600 - 1900, by Ichael Lobban)。

第9卷《大陆法世界的法哲学史:1600—1900》(*A History of the Philosophy of Law in the Civil Law World*, 1600 - 1900, edited by Damiano Canale, Paolo Grossi, Hasso Hofmann)。

第10卷《哲学家的法哲学:从17世纪到当代》(*The Philosophers' Philosophy of Law from the Seventeenth Century to Our Days*, by Patrick Riley)。

第 11 卷《20 世纪法哲学：普通法世界》(*Legal Philosophy in the Twentieth Century: the Common Law World*, by Gerald J. Postema)。

第 12 卷《20 世纪法哲学：大陆法世界》(*Legal Philosophy in the Twentieth Century: the Civil World*)。

Terence Irwin，《伦理学的发展》(三卷本)(*The Development of Ethics*, Oxford University Press, 2011)。艾文是牛津大学哲学系教授，主攻亚里士多德哲学，在哲学史的研究上颇有建树。三大卷的伦理学史是他花毕生精力撰写而成的一部大部头著作，全书将近三千来页。对于各个人物伦理思想的梳理精细且深入。不仅可以作为我们日常阅读之用，而且也可以作为我们参考之用。尤其是在遇到某个特定人物的时候，可阅读相应章节进行参考。

David Boucher and Paul Kelly，《政治思想家：从苏格拉底到当代》(第三版)(*Political Thinkers: From Socrates to the Present*, Oxford University Press, 2017)。本书由鲍彻和凯利教授联合编订而成。鲍彻教授专攻英国观念论，尤其以研究科林伍德政治思想著称；而凯利教授则是一名洛克研究者。本书各章都由专门领域的学者撰写而成。本书既可通读，也可在研读相应思想家的时候单章阅读。

Alan Ryan,《论政治》(上、下册)(*On Politics*, Liveright, 2013)。瑞安是牛津大学政治系教授,是沃尔德伦的两位导师之一(另一位是德沃金)。他早期以有关财产理论的研究著称(专著《财产与政治理论》[*Property and Political Theory*]),后来专注于思想史研究,著有多部思想家政治思想的研究专论。本书是他集几十年思想史研究而集中写就的一部宏论,值得仔细研读。

〔英〕萨拜因:《政治学说史》,邓正来译,上海人民出版社 2010 年版。

进一步阅读材料

1. 其他通史类作品

Huntington Cairns, *Legal Philosophy from Plato to Hegel*, Johns Hopkins University Press, 1949.

John Walter Jones, *The Law and Legal Theory of the Greeks: Introduction*, Clarendon Press, 1956.

——*Historical Introduction to the Theory of Law*, Greenwood Press, 1940.

C. W. Maris and F. C. L. M. Jacobs (eds.), *Law, Order and Freedom: A Historical Introduction to Legal Philosophy*, Springer, 2012.

2. 古希腊和古罗马时期思想史

Antony Hatzistavrou,《古代法哲学与政治哲学》(*Ancient Legal and Political Philosophy*, Routledge, 2017)。

Dean Hammer,《罗马政治思想:从西塞罗到奥古斯丁》(*Roman Political Thought: From Cicero to Augustine*, Cambridge University Press, 2018)。

Benjamin Straumann,《危机与立宪主义:从共和国灭亡到革命时期罗马的政治思想》(*Crisis and Constitutionalism: Roman Political Thought from the Fall of the Republic to the Age of Revolution*, Oxford University Press, 2018)。

Joseph E. David,《法学与神学:古代晚期和中世纪时期的犹太思想》(*Jurisprudence and Theology: In Late Ancient and Medieval Jewish Thought*, Springer, 2014)。

3. 中世纪思想史

Gaines Post,《中世纪法律思想研究:公法与国家 1100—1322》(*Studies in Medieval Legal Thought: Public Law and the State* 1100–1322, The Lawbook Exchange, 2012)。

Joseph Canning,《中世纪政治思想史:300—1450》(*A History of Medieval Political Thought: 300–1450*, Routledge, 1996)。

Riccardo Saccenti,《中世纪自然法的论辩:一个概览》(*Debating Medieval Natural Law : A Survey*, University of Notre Dame Press, 2016)。

Damae Simmermacher, Kirstin Bunge,《萨拉曼卡学派道德和政治思想中的法律概念》(*The Concept of Law [lex] in the Moral and Political Thought of the School of Salamanca*, Brill, 2016)。

4. 国别史

Chris Thornhill,《德国政治哲学》(*German Political Philosophy*, Routledge, 2010)。腾黑尔一书非常全面地梳理了德国从早期到当代的整个政治哲学史,应该说是目前英语世界最好的一本概述德国政治思想史的著作。

Frederick Beiser,《启蒙、革命与浪漫主义:现代德国政治思想的起源 1790—1800》(*Enlightenment, Revolution and Romanticism : Genesis of Modern German Political Thought*, 1790‒1800, Harvard University Press, 1992)。拜瑟是一名知名的黑格尔学者,而且擅长撰写思想史。他有关德国观念论的思想史研究享誉全球。本书是他对于德国早期政治思想的一个研究,也是目前为止我所看到的有关这段时期的政治思想最好的研究之一。

(三) 参考书

我在这里列数的参考书主要是《斯坦福哲学百科全

书》词条以及其他一些有关法哲学和法律理论的手册。《斯坦福哲学百科全书》的各个词条基本上都是由目前各个领域一流的专家学者撰写而成。而且它的一个比较突出的特点就是不断更新。就我看来,任何一位准备研读或进入某个特定主题的人,首先阅读该词条是有很大助益的。我在这里列出了其中与法哲学相关的词条。当然,因为它是一个时时更新的系统,所以今后不排除会有一些新的条目被添加进去。

1.《斯坦福哲学百科全书》词条

自然法理论　　https://plato. stanford. edu/entries/natural-law-theories/

纯粹法理论　　https://plato. stanford. edu/entries/lawphil-theory/

约翰·奥斯丁　　https://plato. stanford. edu/entries/austin-john/

法律实证主义　　https://plato. stanford. edu/entries/legal-positivism/

法律解释主义　　https://plato. stanford. edu/entries/law-interpretivist/

法律中的自然主义　　https://plato. stanford. edu/entries/lawphil-naturalism/

女性主义法哲学　　https://plato. stanford. edu/entries/

feminism-law/

法律的经济分析　https://plato.stanford.edu/entries/legal-econanalysis/

法律的性质　https://plato.stanford.edu/entries/lawphil-nature/

法治　https://plato.stanford.edu/entries/rule-of-law/

法律的限度　https://plato.stanford.edu/entries/law-limits/

法律中的因果性　https://plato.stanford.edu/entries/causation-law/

法律与语言　https://plato.stanford.edu/entries/law-language/

法律与意识形态　https://plato.stanford.edu/entries/law-ideology/

法律义务与权威　https://plato.stanford.edu/entries/legal-obligation/

权利　https://plato.stanford.edu/entries/rights/

法律权利　https://plato.stanford.edu/entries/legal-rights/

惩罚　https://plato.stanford.edu/entries/punishment/

法律惩罚　https://plato.stanford.edu/entries/legal-punishment/

立宪主义　https://plato.stanford.edu/entries/constitutionalism/

主权　https://plato.stanford.edu/entries/sovereignty/

法律推理中的解释与融贯性　https://plato.stanford.edu/entries/legal-reas-interpret/

法律推理中的先例与类比　https://plato.stanford.edu/entries/legal-reas-prec/

刑法诸理论　https://plato.stanford.edu/entries/criminal-law/

普通法的侵权理论　https://plato.stanford.edu/entries/tort-theories/

普通法的契约理论　https://plato.stanford.edu/entries/contracts-theories/

证据的法律概念　https://plato.stanford.edu/entries/evidence-legal/

财产与所有权　https://plato.stanford.edu/entries/property/

婚姻与家庭关系　https://plato.stanford.edu/entries/marriage/

2. 指南与手册

《布莱克维尔法哲学与法律理论指南》(第二版)

(Dennis Patterson ed., *A Companion to Philosophy of Law*

and Legal Theory, Wiley-Blackwell, 2010）。

《布莱克维尔法哲学与法律理论导引》（Martin Golding and William Edmundson eds., *The Blackwell Guide to the Philosophy of Law and Legal Theory*, Blackwell Publishing, 2005）。

《劳特里奇法哲学指南》（Andrei Marmor ed., *The Routledge Companion to Philosophy of Law*, Routledge, 2012）。

《自然法法理学剑桥指南》（George Duke and Robert P. George eds., *The Cambridge Companion to Natural Law Jurisprudence*, Cambridge University Press, 2017）。这是一本专门以自然法为专题的指南。本书由杜克和乔治两位教授联合主编。两位编者都是菲尼斯的学生。本书第一章就是菲尼斯为之撰写的"阿奎那与自然法法理学"，另外，本书还收入了多名新起之秀撰写的文章。对自然法感兴趣的读者可以仔细研读。

《法律理论词典》（Brian H. Bix, *A Dictionary of Legal Theory*, Oxford University Press, 2004）。中译本见〔美〕比克斯:《牛津法律理论词典》，邱昭继译，法律出版社 2007 年版。

札记

【按】下面的几则简短的札记作于不同时间（从 2014 年开始），多是当时读书时的一些心得。虽不成系统，但或许仍有可读之处，故将之从笔记中摘录出来，标以次序以飨读者。

一、学问与种树

做学问好比种树。树根伸张得越深，枝叶展现得就越繁密。根基之生长，赖于日之所积、月之所累，扎根于此，缓缓而进。急切为学问之大忌。心急，则无以在心中扎根。扎根为学问要义。晚近诸多学者为求博学，今习一门，明习一门，日日更换，以求在各个领域都有所成，以博世俗"博学""有才"之名。真正的博学，绝非表皮之博，而是贯通之博，贯通先需精专，扎于一途而深研之。久之，枝叶得以繁盛，从而以一途而通他途。

2016 年 2 月 24 日

二、学问与临摹

学问与书画有诸多相似之处。临摹是作画和书法的不二法门。学问也是一样,你首先要选择你所中意的思想家,深入且系统地予以研究,你要用他的"眼睛"来代替你自己的"眼睛",从而用他的"视野"来看待世界。这在根本意义上就是一个临摹的过程。临摹久了,你也就对如何思考问题,从哪里去思考问题,哪里的问题是重要的,哪里的问题是可以予以进一步推进的有了宏观且深入的领会。久而久之,当你重新开始审视这个世界,重新开始思考你所遇到的问题的时候,你就会慢慢地生发出你自己的思想。因此,思想脱离不开作为临摹的学术。作为临摹的学术就好比一根树干,虽然不好看,干瘪瘪的一根,但只有当树干得到茁壮的成长之后,才会萌生出更多的繁茂的枝叶。

三、闲暇与学术

闲暇首先是被作为一种人所处的状态而被设想的,意味着一种"放松"的身心状态,亦即一种心灵的"自由"状态。闲暇的对立面既是"忙碌",也是"无所事事"。它是一种介于"忙碌"和"无所事事"之间的状态。

当心灵时刻处于"忙碌"中时,它就逐渐被"捆绑"在它所忙碌的"对象"之上,被束缚着,被牵制着。由此,心灵将在很大程度上丧失渊源于"自由自在"的精神的创造。而当心灵处于一种"无所事事"的闲散状态时,心灵的成长也无从谈起。因为精神与心灵的成长依赖于对于事物的"专注"（attention），这就好比眼睛不能聚焦就不能看清东西一样，精神不专注于某物，就不可能"深刻"地"思考"该物。在这个意义上，心灵的闲散状态，只会削弱精神的洞见力和思考力。

四、"分心"与"用力"

做学问绝不可"分心"。人的心智有一个"弊病"，就是它无法"一心两用"。学问和读书也是一样，在泛读时，我们可以短时间内涉猎各种不同的议题。但是如果要深入进去，我们就不能左顾右盼，一会儿读读亚里士多德，一会儿读读康德，一会儿又读读洛克。我们必须要全身心地投入一个领域中去。比如这段时间研读洛克，就花两三个月集中阅读洛克，切不可读几天洛克，又去读霍布斯，或又过几天，再去读阿奎那。然后再过几天再回到洛克。这样的阅读，只会是事倍功半，或者这样的阅读根本就无法帮助我们尽快地深入进去。研读与学习语言是一个道理。语言学习的一个大忌就是不集中学，而研读的一个大忌也是分散地读。

2019 年 9 月 18 日

五、学问:松弛之间

学问永远都是一门艺术,艺术的本质之一就是要把握一个适恰的"度",过了往往会显得太过刻板,而不及则会显得太过松散。学问也是如此,做学问的过程就是一个不断在松与弛之间来回拨动的过程。如果做学问的时候,把自己逼得太过紧密,往往会陷于狭隘。而做学问太过松散,那就无法凝聚,只能是灵感式的杂念而已,而无法成系统地进行思考。

好的学问往往是在紧密的阅读和思考之后的放松阶段所获得的切己的洞见。恰如朗尼根在他的《洞见》一书开篇所讲的欧几里得的故事。

六、"碎片"与"成片"

思想是"流淌"着的,越"积"才会越多,由此,思想的"生长"才有可能。如果把我们的思绪打成各个支离破碎的片段,那么思想的生长便变得不再可能。正是在这个意义上,我们需要闲暇,需要一长段没有"打扰"的时间。晚近大学的改革,首先要做的就是把那些穿插进老师日常生活的各类琐碎的事务去除掉,把那些碎片化的时间归还给他们,让他们可以"成片地思考"。尽管这些时间看起来只是那么一会儿,但却严重背离了学术思考的根本规律。

七、"显微镜"与"望远镜"

在文物鉴定中,他们练的是"眼力"。而对于学者来讲,他们练的应当是"思考力"。学者要具有两种能力,既要像显微镜那样的,有洞察细微处的能力,在精细处探查细微的差异,也要像望远镜那样,有宏观的把握能力,在整体上把握事物的统一性。这就是"分-合"——或分析和综合——的基本能力,缺一不可。英美哲学(精微的语义分析)与大陆哲学(历史的和意象的宏观把握)在某种意义上正是这两种人类认知能力的不同展现。

八、学者的伦理

身份,一者显示你是怎样的人,但更为重要的是要求你做这个身份要求你做的事情。"有失身份"就是没有尽到或做到这个身份要求你做的事情。当然,在传统意义上,"身份"一词更多地与"地位"联系在一起。所谓的"有身份",就是"有地位"。但现代世界已祛除了人与人之间的那种"天然的优等地位"。身份所表示的是一种作为哪种类型的人，或哪种职业的人。我们所关注的是一种"身份伦理"。当然，身份伦理比职业伦理要更为宽泛，职业伦理以职业为核心，比如教师、律师、检察官，从事这样一些职业的人，其必然要遵守这一职业所提出的要求。我们在这里所反思的是学者这一身份要求作为学者的人理应去履行的职责。在我看来，作为一名学者，其所需坚守的基本伦理至少有以下几些方面：

1. 针砭时弊（宽泛意义上的）。世界及其现实所呈现的状态总是有所缺陷的。学者，作为一名致力于更好地、更真切地认识这个世界的问道者，他更是有义务向世人言说他所看到的那些"缺失""危险"等理应予以克服的东西。

2. 真诚性。虚伪是学者最大的敌人。这种虚伪既有行动上的（诸如造假），也有言说上的（诸如奉承），更有因怯懦而在内心中生长出来的（诸如自欺）。所有这一切都是学者理应戒除的。

3. 谦逊。"傲慢"是一种内心深处的"虚伪"。傲慢之人不是为了掩饰内心的脆弱，就是没有真诚地面对自己内心真正的自我。无论是我们把关注点聚焦于深邃无底的内心，还是聚焦于这个无垠的世界，心灵都会深深地感受到一种"无尽感"。谦逊的根本就在于保持对于这个无尽的世界的"敬畏"。

4. 洁身自好与独立性。

九、学者的品质

好的学术或好的学者需要具备以下几个基本的品质：一是为学的意愿（willingness），亦即对学术有足够充分的兴趣和基本的感受力；二是这种意愿的坚毅性，也就是要有恒定的意志力；三是持续不断的努力；四是不为世俗所动的"定力"；五是正确的学术进路。所有这五点，缺一不可。

十、写作的伦理

写作，就其本质来讲是一件"严肃"的事情。它总是为了"应对"某种"缺失"，从而追求好的、正确的、优美的、良善的东西。所以在这个意义上，写作与文字是应该有所"节制"的，它理应有感而发，有事而发。眼下科研体制的恶劣之处在根本上是败坏了写作，背离了"写作的伦理"。我们不是为了写作理应致力于的目的而写作的，而更多的是为了"发表""职称""名利"而写作的，其结果不仅是"文字"的泛滥，更造成了学者之间真正的交流、辩驳与成长的衰落乃至消失。

十一、学术训练与思想自由

思想的演进和发展依赖于两方面的要素：一是传承，它所依循的基本法则是"训练"和"规训"；二是创获，它所依循的基本法则是自由。

思想无所传承，而仅凭一己之思，几乎是不可能有任何建树的。而这正是教育以及学术训练存在的根本理由。然而，在获得基本的学术训练之后，思想所依凭的就不能是任何其他东西，而只能是他自己。在这一阶段，思想所依凭的就是他自身的生长。而这就是思想自由的核心要义。

现在中国的学术体制——与金钱乃至与职称挂连在一起的"项目制"以及量化的"科研成果制"——在极大地压缩学术及思考的"自由度"。它们是与自由格格不入的，是与自由紧密相连的闲暇相互冲突的，它们在污染着中国的学术环境，更是在败坏着年轻学者的学术品性。如果这些制度持续支配着中国学术，我们这一代学人或许就是那被根本败坏掉的一代。

2017 年 2 月 7 日

十二、学术潮流

中国目前的学术研究在某种程度上是一种跟随着

"潮流"而走的学术研究。"萨特热"时就有一大波人去研究和阅读萨特,"哈耶克热""施特劳斯热""施米特热"也是如此。学术热点成为学术研究的核心。兴趣一去,热潮一过,学术研究基本就停顿了。这是中国学术圈没有形成一个稳固的"传统"的一个很重要的原因。没有一批学者专固于一个领域并将其传承下来。学术研究就像一股"风气",随风而动。这是中国目前学术的痼疾。

2014 年 6 月 7 日

十三、中西学问的差异
——作为生命活动本身的学问与作为追求真理的学问

对中国的"道"和西方的"真理"这两个核心概念的分析可能为我提供了一个关于学问之道的中西差异的典范。"道"必须被时时地占持,一旦疏忽,道即远离而去。学问必须是一个时时占持的永恒生命过程。因此学问也必然是一种生命的活动。

西方哲学为我们提供了一个远区别于中国的观念。"真"的观念意味着"获得的",已经得到的。因此,西方在"真理"概念之外还发展出一个"历史"的概念,以达致中国思想中的"道"的观念。这样,真理-历史的结合,所延伸的就是"缺差"的概念。学问成为一种战斗式的批判(否定非真理)和欲望(权力性的支配)。

十四、作为"知识"的学问与作为"立场"的学问

晚近中国学界思想史研究(政治与法律)呈现一种逐渐衰微的倾向。当然,这种倾向一方面有现实体制的原因,但在根本意义上还是因为它的吸引力在逐渐减弱。在人们对一件事物处于完全无知的状况的时候,总是有着某种强烈的求知欲,但是,当我们对之有大致的了解之后,即便我们可能对之还是一知半解,但原先的这种强烈的求知欲却在逐渐消失,这便是我们当前思想史研究的普遍状况。当然,这种求知欲的消退根本的原因在于,我们尚没有把这种对于"知识"的探求逐渐代之以"立场"的确立。知识在一定意义上总是某种外在的东西,对于知识的欲求会随着认知的获得而逐渐地消退。但是立场却不同,立场是一个人据以生活的基本准则。对于儒家学说的认知兴趣可能会随着了解的深入而逐渐往两个方向走:如果你不认同这种立场,或不试图把它作为你自己

的立场予以进一步的阐发和推进，你多半会否弃它而转向其他研究；而如果你把它作为一种你觉得是正确的、值得为之倾注一生的心血来予以阐发的立场，那么你的认知兴趣就会随着认知的不断深入而越发地浓厚。我们现在思想史的研究就处于前一种状态之下。绝大部分学者对于他所研究的对象是把它作为"知识的对象"来加以看待，而不是把它作为一个他认同的"立场"来加以看待。只有在你把它作为一个你准备为之付出努力而予以辩护的立场的时候，相互间的辩驳、推进才可能是一种实质意义上的、真正进入到生命之中的学问。而目前大部分思想史的研究，纯粹是知识性的，只在知识内部的推进，因此"专业化"和"专业壁垒"不断地加剧便不可避免。由此而培养起来的学者多半是一些专家，或"专家型"的学者，而不是"立场"或"思想型"的学者。而在任何一个时代，对于一个有创发活力的学术界来讲，第二类学者是不可或缺的。

十五、"专家型"学者与"思想型"学者

在过往年代，我们一直有这样一个说法：从 90 年代开始，思想家淡出，学问家突显。自此，人们也多接受"学术"与"思想"的某种对立。这种印象在我们这个时代变

得更加突显。当然,这一方面在于整个思想的氛围在变得更加不宽容,而另一方面则在于我们尚没有形成一个固有的传统。就一个良好的学术环境来讲,学术本身便包含着思想。学术与思想者两者本就是不可分的,没有思想的学术是干瘪的,而没有学术的思想是无力的。其中的差异只在于学术路向上的偏重,一者更偏于"考据",另者更偏重"体察",在学者之间也形成了两类不同的学者,一是专家型学者,一是思想型学者。

十六、法学家与哲学家

法律不是一个孤立的领域,法学也不是一门孤立的学问,它们都是更广范围的人类生活的一部分。对于法律的恰当理解,在很大程度上依赖于我们对于其他更基础的事物,诸如国家、婚姻、家庭、财产、恶行乃至人类生活本身的理解。所以,法理学研究更依赖于我们对于这样一些更基础的事物以及更宏大的视野的把握。也正是基于此,在我们的法理学研究中,我们需要把那些与我们的法理学研究不直接相关但却间接地影响着乃至支配着它的东西纳入进来,这些东西往往为我们的法理学研究所无意或有意地预设着。或许,也正是在这个意义上,我们说,真正好的法理学研究,绝不能局限于法理学,而必须将我们的功夫同时花在对于一些更基础的事物的理解之上，亦即花在哲学研究之上。进一步说，真正好的法理学家，不可能是一名纯粹的法学家，而必然同时是一名哲学家。

法哲学的视界

一名学术素人的旧闻与新知

——吴彦博士访谈

董政： 吴彦博士您好，首先是否可以请您简单介绍一下您目前所主持的译丛，它们涉及的主题分别是什么，目前有多少成果已经出版以及将来这些译丛会达到何种规模？

吴彦： 我现在主要在商务印书馆主持三套译丛，一套是"自然法名著译丛"，一套是"政治哲学名著译丛"，还有一套是"法哲学名著译丛"。另外，我还跟黄涛博士在知识产权出版社主持了"德意志古典法学丛编"，这套译丛中的书基本已出完，共计11册。商务的这三套译丛，目前都在进展中，"自然法名著译丛"和"政治哲学名著译丛"都已推出。"自然法名著译丛"现在出了6册，今年还会有2册推出。"政治哲学名著译丛"从去年到现在已出了3册，今年还有2册推出。另外，"法哲学名著译丛"系列也会在明年推出。

其实，了解我的友人都会知道，这些译丛跟我自己涉足的研究领域以及兴趣是息息相关的。当然，也跟我对汉语政法学界所存在的某些急需补充和了解的西方资源息息相关。从译丛的名称可以看到它们所论涉的主题。

但就我自己的想法和规划来讲,译丛以后的主要方向将涉及以下三个方面:一是自然法,二是国家哲学,三是法哲学。当然,虽然就目前的学科划分来看,这是三个不同的研究领域,比如,自然法主要涉及道德哲学,国家哲学主要涉及政治哲学;但就我自己的立场看,它们三者是不可分的,至少从古典立场(诸如德国古典时期)看是如此。所以,虽然这三套译丛分别用了不同的名称,但实际上它们是一个有机的整体,亦即有关人类事务的一般实践哲学,如果我们用德国古典时期两位主要思想家——康德和黑格尔——的术语来讲,它们所构成的就是一种"法哲学",或者说,一种"广义"上的法哲学。

目前商务这三套丛书,在译的书有60多册,基本上都是一些经典的作品,其规模也在不断扩大。我自己在电脑中存有一个待译书目的文档,如果顺利,其最终翻译出来的规模是可观的。

董政:您最早是什么时候开始筹划这几套译丛的?而且从您描述的情况看,这几套丛书的规模相当庞大,其主持、编译的难度肯定不小,那么在筹划、出版这些丛书的过程中,您认为最大的困难在于什么? 换言之,在这一称得上是学术"创业"的过程中,您有没有什么有趣的故事与我们大家分享?

吴彦:其实,这几套丛书的背后都有不少故事,其中凝聚了友谊、信任、共同的旨趣以及共同的付出。历史所呈现的往往是经历过诸多变化的"结果"。我可以在这里讲一下背后的一些故事，或可与你们一起分享。

首先是"德意志古典法学丛编"，这最初是由我、黄涛和（杨）天江三人一起动议的。那时我们都是刚读博士的学生。一次，我们三人相聚北大。当时，我刚好带了刚出版不久的译作《康德：权利哲学》，同时，黄涛翻译的后在商务印书馆出版的《康德的法权体系》也已在出版流程中，而天江也翻译了两部书稿，就是现在在"自然法名著译丛"中的《托马斯·阿奎那与自然法传统》与耶夫·西蒙的《自然法传统》，只是当时他是不带任何出版意图地把书给译出来了，并且还锁在抽屉中（这两部书稿后来都是黄涛从他的抽屉中给"搜扒"出来的）。基于我们三人相似的背景，翻译和如何治学便成为我们三人当时讨论的一个共同话题。在那个时候的法学圈——与我们现在差不多——还主要是以对于具体问题或对某些现实问题的研究为主要风气。但或许是因为我们师承的缘故，也或许是我们自身的学术旨趣的缘故，我们都觉得法学的研究或学术的研究首先必须从对于西学的专研开始，而这种专研一者来自我们对于西方原典的精细阅读，二者则来自对于那些解读原典的二手文献的把握，这两者构成了西学研究的基本门径。那个时候，我们都觉得学术界,尤其是哲学界,存在一种明显的偏误,认为哲学的研究首先必须从原典进入,不能为二手文献所"误导",所以致使很多重要的二手文献未能被引译进来。比如在康德和黑格尔研究领域,尽管我们的研究起步较早,而且已有诸多原典被翻译进来,但到目前为止我们所接触和看到的重要二手研究文献却少之又少。这在某种意义上,也促生了我们此后选择移译一些重要二手文献的想法。

"德意志古典法学丛编"在最初的策划和翻译过程中,总体上来讲是比较顺利的,尽管期间因为责编工作调动的缘故,书稿被搁置了一段时间,但当时译出的书稿现在基本上都出版出来了。对于这套丛书,我们最初的想法,是准备以德意志、英格兰和法兰西为主轴,依次展开,由此呈现西方政法思想传统的一个概貌。"德意志古典法学丛编"只是整个计划的一部分,现在黄涛兄和王涛兄在继续做英格兰的部分。我想今年年底或明年,这套丛书就会向读者推出,希望你们可以关注。总体来讲,这套书是一群志同道合的年轻人共同努力的结果,每位译者所翻译的作品基本都是他自己研究领域内的作品。这或许也是我们这群人对待翻译的一个基本态度,那就是以翻译促研究,以研究促翻译,进而推进我们对于西方经典的理解和把握。

其次是我们现在看到的在商务印书馆出版的"自然法名著译丛"和"政治哲学名著译丛",当然还有即将推出的"法哲学名著译丛",它们在某种意义上脱胎于原本准备在中国法制出版社出版的另一套丛书"哲学家政法著作集"。那个时候,大概是 2011 年左右,(周)林刚兄还在中国法制出版社工作,在他的大力支持下,这套丛书得以在中国法制出版社立项。但很快,因为他继续攻博以及随即的南下就职(现在他是我的半个同事,执教于华东师范大学政治系),使得这套丛书失去了一位有力的支持者。所以,大概在 2012 年的时候,我把其中一部分书稿,即涉及自然法这个专题的部分,提交给了时任商务印书馆政法室主任的陈小文老师。陈老师很快就给我回信,表示了对自然法专题的极度兴趣,并要求我们提供试译稿。记得当时我们提交了六部作品的试译稿,在等待了近两个月之后,陈老师发来了一份信笺,其中有对每一部试译稿的极为精细的审校意见,其中有两份译稿几乎被密密麻麻的校对和改正文字所充斥,而另外几份,则受到了高度的肯定。最后,通过的这四份稿件连同整个"自然法名著译丛"得以在商务印书馆立项。此后,"政治哲学名著译丛"和"法哲学名著译丛"也分别立项。在此,我要特别感谢陈小文老师,他是一位有着独到眼光且善于提携后进的出版家。

这三套译丛,汇聚了多个领域的年轻学人,这多少跟我自己的学术兴趣以及由此而打交道的诸多学人有关——自然法、国家哲学和法哲学,这是我们共同的连接点。在此,联络是一个自然的过程,基于学术兴趣的联合,尽管分散,但却纯粹和内在。一套丛书的组织,更在于参与其中的每一个人对于学术本身的内心的真正认同。我总是希望,我们不是在出"成果",也不是"为了"出成果,而是把我们现在所做的看成是在为未来可能的学术复兴提供基石,既在于我们所移译的作品,也在于我们在移译作品的过程中所推进的研究以及由此而获得的学识的增长。

董政:非常感谢吴彦博士的分享。然而,据我了解,您的学术"创业"之路并不仅仅体现在上述您主持的几套译丛上,而且还体现在其他方面。比如就在今年,您创办并主编的《法哲学与政治哲学评论》也由华东师范大学出版社出版了。您能谈一谈为何要创办这本辑刊,它的学术定位是什么以及它与您主持的译丛又有何种关系吗?

吴彦:其实《法哲学与政治哲学评论》(以下简称《评论》)的目的跟几套丛书的目的在很大程度上是一致的。而且,我们的人员基本上也是重合的,都是我们这群对政治哲学和法哲学感兴趣的学人。并且我们都有一个核心的观照点,那就是对于"良好秩序"的探求。当然,这也是《评论》第 1 辑的主题。在我看来,目前中国法学有着两个非常大的问题,一个是非常明显的学科化和封闭化,好像政治哲学、道德哲学的讨论就不应是法学所关注的一样。他们强调法的教义学,强调法的职业化。而我们这群人恰恰相反,我们希望打破这样一种狭隘的法学观,试图探求法律背后那些构成法律之正当性的价值预设,所以,我们的《评论》也采取了一个相对比较宽泛的名称"法哲学与政治哲学",希望在道德、法律和政治的思考之间达成某种共同的对话空间。当然,这在一定意义上也是希望整个法学的研究能够回返至一个"大法学"的框架,承担起它理应承担的某种历史使命。

另外一个大的问题则是"价值的缺失"。当然,这是与第一个问题密切联系在一起的。如果法学把自己限定在一个纯技术性的领域之内,诸如法律解释、司法过程等等,那么很显然,它肯定无力对根本性的价值问题作出思考和判断。法教义学就存在这个问题。虽然目前有些抱持法教义学立场的学者认为他们并不排斥甚或也囊括了价值问题,但是很显然,这里的价值是被极度缩限了的价值。目前中国法学所应当观照的价值,不是随便什么价值,而应该是某种根本性的理想秩序,亦即我们到底需要什么样的生活?什么才是好的生活?比如好的家庭生活、好的婚姻生活、好的政治生活等等。对于这些问题的思考，在根本意义上是与哲学、道德密切联系在一起的。而这些恰恰是我们现在的法学所极度缺失的。如果我们缺少这样一些对于法律规则背后的根本价值秩序的思考，我们现在所建立起来的所有的规则体系就都是脆弱和无力的。

这便是我们对这份刊物的基本定位，也是我们对它的根本期待。当然，也要特别感谢华东师范大学出版社六点分社社长倪卫国老师对我们这个想法的支持，所以我们才得以有可能将这样一份刊物推出来。这份刊物现在出了第一辑（题名"良好的政治秩序"），第二辑也快要出版，主要涉及对于现代秩序的思考（题名"国家、战争与现代秩序"）。第三辑和第四辑目前也快组稿完毕，第三辑是一个有关自然法的专题（题名"自然法：古今之变"），而第四辑则专注于法学教育问题（题名"作为通识教育的法学教育"），主要涉及对上面我所提到的职业化和专业化的法学教育的批判与反思。

董政：不知概括得是否准确，您的学术创业首先致力于"西学"的译介与研究，这不禁让我想起曾经在20世纪90年代以来占据"西学东渐"领军地位的邓正来先生。据我所知，您在吉林大学法学院攻读硕士与博士学位期间，导师均是邓正来先生。博士毕业之后，您又继续跟从邓先生在复旦大学从事博士后的研究，甚至邓先生在2013年初病逝的时候，您博士后都尚未出站。可以说，您的整个求学生涯或学术生涯的早期都处于邓先生的指导之下，那么，邓正来先生在您的心中是一位怎样的师者与学者？就学术研究本身而言，作为他的学生，您认为邓先生最值得继承和发扬的是什么？

吴彦：的确，老邓（我们往往习惯用这个称谓来称呼他）对我的学术生涯产生了非常大的影响。他是2003年进体制的，我是2005年考到吉大的。应该说，我是最早一批跟他读书的学生，也是跟他最久的学生之一。从吉大一直到复旦，我求学生涯的大部分时间，都是在他所塑造的那种氛围中度过的，尤其是在吉大的那几年，我觉得那种学术氛围是我终生难忘的。那时有"小南湖"，有"大师Seminar"，有"原典精读"，更有各式各样的读书小组。我们会一字一句地推敲霍姆斯的《法律的道路》，我们会围绕着波兰尼的《巨变》而尝试从不同侧面切入文本所展现的问题，我们也会绕着吉大校园边走边讨论《论语》，那是一种纯粹的生活。

邓老师是一个内心世界极其丰富的人，他身上有很多的矛盾。比如，他研究自由主义，大家都以为他是一名自由主义者，但实际上，在他身上有很多并不属于自由主义的气质。他的整个学术生涯，扮演着很多不同的角色。

就是他 2003 年进入体制之后，我觉得他在吉大的那段时间和在复旦的那段时间也是有差异的。在吉大的时候，可能更多的是一位"纯粹"的"师者"，很纯粹，那个时候师生之间的交往和沟通，对于我们师门所有的同学来讲，都是一段非常美好的回忆。到复旦后，因为他的身份发生了变化，以前是一名纯粹的学者，一位纯粹的老师，但现在则更多的是作为一名"院长"，并且是"建院"（复旦大学社会科学高等研究院）院长，所以多了很多额外的事务，我觉得这多少占用了他很大一部分精力。

就他所留下来的学术遗产，我觉得可以从不同的方面来看。他有很多著作，也有很多译作，尤其是他的一些经典翻译，比如哈耶克的《自由秩序原理》《法律、立法与自由》，我觉得都会作为经典被流传下来，在后面几十年甚至更长时间里，大家都会从中获益。我们现在正准备编辑一套《邓正来著译作品集》，也正在寻找出版社出版，希望能够比较全面地展现他的学术和思想。

除开这些"有形"的承载品之外，我觉得他还有一些学问方法上的遗产，在我看来，对于现在的学界，尤其是法学界，仍然有很大的意义。比如他对于阅读原典的强调，比如他对于思想脉络的强调，比如他对于学术批评的强调。尤其是最后一点，我觉得在当下学界，仍是非常欠缺的。因为我们可以看到，西方的整个学术传统，有一个非常强的"Review"的传统。比如出来一本书,在同行之间,就会出现一些非常严肃的书评,或长或短。同时,他们也会针对一些问题展开持续且有成效的争论。所谓的学术传统,就是在这样一种"传承-批判"的过程中逐渐形成的。而在我们中国,批评他人,向来就不是一件好事。"书评"更多的是被作为一种"广告"而被加以看待的;同时,在我们的学术评价体制中,也不大承认这种"成果"。这都是非常有"中国特色"的。说实话,在中国学界,大多数人不习惯被他人所评论,除非是赞誉性的;同时,我们也不善于评论他人,除非是攻击性的。严肃的和针对问题本身的书评和评论在中国是稀缺的。比如前段时间在网络上流传有一则有关杨绛先生翻译柏拉图著作的批评。后来争论的焦点就集中在了她不懂古希腊文,不懂柏拉图的问题上。这是非常糟糕的。学者之间不是针对问题本身——比如在此针对某个具体的翻译问题——而是试图通过一种"揭短式"的评论来寻求某种他自己的目的。我觉得这是中国学者一个非常不好的习性。所以,我觉得老邓在十多年前就一直强调的"严肃的""学术批评"——包括且尤其是严肃的学术"书评"——以及在此基础上建立我们自己的学术传统,我觉得仍有很大的现实意义。

董政:虽然表面上看,您与您的学术伙伴们所从事的学术活动与邓正来先生那代人所致力于的事业并无太大差异，比如你们都主持和编译了一批西方经典的学术文本，并相应地创办了以译介与研究西方学术思想为旨趣的一系列书刊等。然而，您认为，这其中是否存在一些本质性的差异？换言之，你们这代学人所肩负的学术使命与邓先生那代人有怎样的差别？

吴彦：其实我们现在都喜欢谈论"差异"，谈论"个性"，谈论我们自己的"特殊性"。"创新"这个概念的流行就是其中一个比较明显的现象。其实说实话，我更喜欢谈论"传承"。在我看来，在人文社会科学的基础领域，"传承"比"创新"更加重要，而且就目前来讲，过多地谈论"创新"对于中国人文社会科学的发展多少是有些危险的，且事实上已经产生了非常大的破坏力。创新是个"自然而然"的事情。前提是要有一个坚实的基础，要有一个基本的学术传统。比如我们现在来看康德，我们说他是现代哲学的起点，是德国哲学的起点，但这种"新颖性"或"创造性"是根植于一个非常强大的学术传统的，如果没有之前的莱布尼茨、沃尔夫、托马修斯、普芬道夫以及一大批现在已为我们所遗忘的人所建构起来的那个强势的学术传统，我们几乎不会看到我们现在的康德。其实，如果我们带着一点考古癖来看康德的作品，就会发现他的大量的术语、大量的说法在之前都是可以找到的，他的"独创性"在于他在某一个方向上的转变,而不是其他所有的东西。所以说,这么伟大的思想家,他的"创新"也只是部分性的,更何况我们。学术上的"创新",不是"蹦"出来的,也不是被有目的性地"生产"出来的,而是逐渐"生成"的。

所以,我觉得中国的学者,尤其是从事基础学科研究的学者,目前更该考虑的不应是"创新",而是如何建构起我们自己的学术传统,然后能够把它给承继下去。当然,我们经历了一个学术传统的断裂期或空白期。传统的学术中断了,西方的学术还尚未被有效地吸收过来。说实话,我们现在的处境是前所未有的。我与目前好多持过分乐观态度的学者不同,他们觉得中国在崛起,尤其是经济上的实力让我们看到我们可以跟世界对话了,觉得我们的学术可以输出了,包括很多的"外译"计划,甚至觉得我们可以开启一个新的时代。我觉得这多少有些太过乐观了。至少在我看来,我们现在仍然面临着与我们的前辈学人同样的处境,我们仍然需要深度地吸收西方的东西,并进而去消化它;同时,我们也面临着重新拾捡起我们自己老的东西的任务。只有在这两个方面做好了,才可能谈论往后的创新,才有可能谈论往后属于我们自己的学术传统。所以,也正是在这个意义上,我觉得译介和研究西方在未来很长一段时间内仍是中国学术的重中之重。

　　当然，我们译介、研究和思考的重点，或许跟邓老师那辈人会有所差异——我主要指的是法学圈。他们那辈学人关注的视角，多集中在 19、20 世纪，这是一个非常明显的现象。比如邓老师翻译的哈耶克、庞德，舒国滢老师翻译的拉德布鲁赫和阿列克西，再比如凯尔森、哈特等等 20 世纪的法学家，所有这些都是过去 20 多年被译介和研究的重点。这多少跟认识西方的"迫切"程度有关系。在我们对西方法学仍处于未知和模糊状态的时候，知道他们晚近的发展乃至最新的发展是首先会产生的一种需求，这多少根植于某种本能的力量。但是我们要知道，当代西方法学，是一个极度学科化了的东西。这种学科化的过程，基本上是在 19 世纪开始出现的，比如社会学以及伴随它的法社会学的出现，法实证主义的兴起，尤其是法学与政治学、伦理学、社会学的分离，塑造了我们现在的学科体系。我们也要知道，要想真正理解西方的法学，尤其是我们现在仍置身其中的"现代法学"，必须从起源处来加以理解，而这个起源，就是我们现在所界定的始于16、17 世纪的"现代国家"的生成。当然，这并不只是具有考古的兴趣，或只是为了理解西方。我一直觉得，目前中国的处境，如果从更深的层面看，与西方 16、17 世纪所面临的一些问题是相似的，尤其是它们都担负着建构"现

法哲学的视界

328

代国家"这个核心使命,所以会使得很多东西变得非常类似。

因此,我们这个时代与之前那个时代在关注的对象和问题上是有差异的,我们需要深入到西方法学的源流处,理解其脉络和流变,或者也可以说,我们需要重新阅读西方法学传统。

董政:您提到西方"现代国家"的形成与建构对于其法学发展的重要意义,那么我们当代的中国法学是否有意识并且有能力将现代国家的问题纳入到自身的研究中去呢? 据我了解,新中国成立以来一直到20世纪80年代,我们现在所谓的"法理学"或"法哲学"在那个年代被代之以"国家和法的理论",虽然其研究范式被阶级斗争的纲领所支配(这严重损害了这种法学研究的科学性),但最起码在当时国家理论与法学理论是紧密一体的。 然而,自20世纪90年代之后,"国家和法的理论"彻底退出中国法学的概念舞台,"国家"问题(理论)被完全划拨出了法学领域,之后的一些法学流派(研究范式),诸如权利本位、本土资源、法制现代化、法律全球化等,也几乎对"国家"问题(理论)或视而不见或避而不谈。 进入到21世纪,只有少数几位学者有意识地在法学领域中重新"找回国家",比如强世功教授所提出的"立法者的法理学",许章润教授倡导的"历史法学"也将"国家理性""民族国家建构"等"国家"问题（理论）纳入讨论之中，还有以高全喜教授为代表的政治宪法学等。然而，令人遗憾的是，目前主流法学界依旧不能认可这些"找回国家"的尝试。因此，进一步转化我开头提的问题，您如何评价当前我国法学界，主要是法理学界对"国家"问题（理论）的认识以及个别学者在这个领域上所做的努力？最后，在您看来，我们的法哲学或法理学如何接受、吸纳、转化"国家问题"（理论）？

吴彦：这是一个非常复杂但也非常有意思的话题。但我们首先要明白的是，所有这样一些试图"找回国家"的努力，比如高全喜教授的政治宪法学，比如许章润教授的国家理性等等说法，其背后的"动力"到底是什么？我觉得这个动力肯定不是"国家"这个概念或这个问题本身。因为，如果只是要找回"国家"，以及与之相关的"国家权力""国家意志"等这样一些东西，我觉得根本没有任何"吸引人"的地方，甚至我们可以说，如果是这样的话，我们只是在回返到80年代之前。所以，在我看来，他们的根本旨趣肯定不在"国家"，而在于"良好秩序"。如果我们来看他们一些更为直接的提法，比如"立宪时刻"，我们会看得更加清楚，甚至诸如"决断"这样的概念在中国法学圈的流行，很大程度上也是基于类似的旨趣，那就是要打破那种将法律和法学封闭起来的"法律帝国主义",让其重新回到起点,在起点上重构新的良好的秩序。而这个起点的回归,就是要回到国家问题本身,或者说回到国家的基本建制/宪制(constitution)这个问题本身上去。因为我们越来越感受到,虽然我们的整个法学以及整个法律体系在经历二三十年的发展之后,看起来已比较完善,但是我们仍然发现,我们的生活及其处境并没有变得像想象中那么好;甚至于我们的法学研究所呈现出的那种高度职业化、技术化和封闭化的趋势,也让它离我们的生活越来越远。法律和法学原本是一种与我们的生活息息相关的东西,而现在却成了一种被强加的、外来的、甚至是一小圈人说了算的东西。我想所有这样一些感觉都是重新促发人们思考国家问题和宪制问题的根本动力。

另外,你所说的我们现在的法哲学或法理学如何接受和处理"国家"这样一个问题,我觉得我们首先得理解这个问题本身,看它本身是什么一个样子,然后我们再对我们该抱持什么样的态度作出某种抉择。

"法"这样一个东西和"国家"这样一个东西在根本意义上是存在很大张力的。"法"所呈现的是一种单纯"普遍化的力量",它要求所有的东西在它面前都整齐划一;而"国家"所呈现的是一种"普遍化-个殊化的双重力量",面对它自己内部的东西,它要求普遍化,而面对它自己外部的东西,则要求特殊化。在西方的历史中,这样的逻辑在不同的时代以不同的方式呈现着。比如在古希腊,国家的力量处于支配性地位,法是相对弱化的。在他们的哲学中,主要是对"城邦"的讨论,对"法"的讨论是相对比较少的,只是到了后来的希腊化时代,才有斯多葛派有关自然法的探讨,此时,对城邦的讨论开始慢慢变少。到了古罗马时代以及中世纪,国家(或城邦)的问题被进一步弱化,比如我们现在来看罗马法,来看中世纪的神学,在那里,国家的问题是很少出现的,甚至"国家"这个词也被另外的一些词汇,诸如"政治权威"或"世俗权力"所替代。国家问题在西方历史中的再度出现,是在现代民族国家的诞生。我们现在仍处于这一基本模式之下,尽管晚近也有一些人在讨论世界主义,讨论后主权的时代。但总体来讲,我们仍处于一个诸国家模式的世界秩序之中。在这里,国家既作为法的前提而存在,也作为法的规范对象而存在。所以,就"法"学本身来讲,很多的国家问题是处于它的问题域之外的,只有在国家被作为法的对象,亦即在探讨何谓"正当国家",也就是在探讨"作为正当的国家行动(对内和对外)秩序"的时候,国家的问题才处于法学之内。当然,就我个人来讲,目前最核心的国家问题——寻求"正当国家"的问题——正是法学所要处理的,也是未来中国法学的核心使命之一。当然,其他一些处在法学之外的国家问题也仍旧是重要的,诸如国家的性质,国家与人性、与人类社会的本性之间的关联等一些哲学人类学或社会哲学的问题也是非常重要的,甚至是我们据以回答法学所处理的那些问题的前提。所以,我一直觉得,中国的法学学者如果要做出真正具有普遍性的学术贡献,就不能够局限在法学内部,而应面对更为开阔的领域。

　　董政:法学界一直以来都存在对法理学或法哲学的反思,其中最著名的反思或批判就来自于邓正来先生的《中国法学向何处去》。近来,北京大学的徐爱国教授在《中国法律评论》2016年第2期发表了一篇名为《论中国法理学的"死亡"》的论文,《中国法律评论》编辑部就此还特地邀请了诸如季卫东教授、舒国滢教授、桑本谦教授等一些知名学者就"中国法理学"这一问题展开讨论。虽然这篇文章所引起的热议程度与邓先生当年的不可同日而语,但是最起码也是近年来我国学者少有的对法理学直接的反思,体现着相当一部分从事基础理论研究的学者对中国法理学的担忧和失望。那么,您是如何理解"中国法理学"这一论题的?您可否大致谈谈"中国法理学"当前存在的问题以及出路到底是什么?

吴彦:谈论"中国法理学"是一个非常困难的问题。它所面临的困境来自方方面面。有些是制度性和结构性的问题,而有些则是学问本身的问题。徐爱国老师的文章引起了很多人的共鸣,我觉得在很大程度上在于我们眼下的法理学确实面临着很大的问题,甚至危机。是某种"感同身受"让我们对"法理学的死亡"这样的话题再度燃起了兴趣。

当然,这个危机,我觉得主要来自两个不同的方向。一个是整个外部的学术环境。就中国整个的学术研究来讲,基础理论研究在近十多年来,其生存环境是越来越糟糕的。比如在我们法学内部,首先遭遇这种冲击的是法史学科,我们现在环顾全国,法史学研究的萎缩是非常明显的。其背后的根源有着某种复杂的结构性因素。另一个是整个学术目标被完全地"单一化","创新"和"生产"被作为唯一的目标。当然,对于某些实用性的学科或某些科学的实用部分来讲,要求其"创新"和"生产更多的东西"或许是可以理解的。但是对于基础理论研究来讲,则完全不是这样。一则在于,基础理论研究的生产周期是很长的,要求它以经济性的方式运作必然威胁到它自身的逻辑;二则在于,基础理论研究是为其他建基在其之上的研究提供"土壤"的,所以,它所担负的或许是一种更为重要的使命,那就是"传承",将扎实的学术传统和知识体系传承下来，以便为未来可能的创新提供"养料"。现在的整个学术体制，从各方面来讲，都没有为基础理论研究的这种特殊性提供一种防护性的措施，以使其免于受到经济化运作的影响。

外部学术环境的第二个方面则是学术评价机制。这也是一个非常复杂的问题，对于目前中国学术评价机制的批评，在近些年已经非常之多了。我不想做太多的重复。课题、期刊、职称这三项基本的学术评价机制在目前中国的运行都不太令人满意。比如课题制度，其初衷原本是为了资助学术研究，但现在却逐渐演化成了"引导"学术研究的"方向"，慢慢偏离了学术研究所一直遵循的那种"自由的展开"。而且更为糟糕的是，课题的分配被几个或一些学界"大佬"所"垄断"，从而使得"如何做研究"以及"研究什么"被一部分人所支配。同样的情况也出现在期刊制度中，当然，期刊对于学术方向的"支配"因循着另外的逻辑，因为眼下期刊的生存在很大程度上取决于"引用率"，所以，刊发的文章会自然而然地向引用率较高的实务和热门话题转移，从而慢慢地把纯理论的研究排斥出去。更为糟糕的是，课题和期刊以如此紧密的方式与职称评定结合在一起，从而这三者的结合塑造了一个庞大的"支配网络"。这个网络一方面在生产着"同一的偏好"，另一方面则在生产着一种"官僚式"的等级体系。学术自由在它面前已经变得越来越脆弱。总之，所有这样一些制度性因素都已经严重影响到中国眼下法理学研究的总体状况。

不过，学术在很大程度上是一种非常私性化的活动，尤其是人文学科和社会学科的基础理论部分，即便外部制度如何糟糕，研究仍然是可以不受影响地进行的，我们仍然可以遵循学术活动自身的逻辑。或许，这也是我和我身边这一帮朋友的共识。我们所做的译介以及在此基础上所做的研究，在很多人看来或许是笨拙且吃力不讨好的，更不可能得到体制的支持，不可能获得课题，也发不了文章，甚至有可能会因为花在体制内的精力的不足而遭遇各式各样的不便。不过，我们仍然觉得，从事这样一种纯粹的学术思考活动，是在这个喧嚣的世界中获得安宁生活的最好方式。

目前中国法理学的问题除了上面所提到的这些外部的制度性因素之外，还有来自法理学研究内部的问题。在我看来，主要有以下二个方面。

第一个是法理学研究视域的狭小，这是我一再提到的一个问题。当然，这并非法理学这一门学科的问题，而是整个法学的问题。我们的法学研究和法学教育自 90 年代开始，便进入了一个多少沿循着美国式的"法律职业化"的过程。专门的法学院、专门的法学教育，所有这些都是 90 年代开始一直到现在在整个法学领域流行的一套话语。对于这样一种"特殊性"的强调,很大程度上限制了法学研究和法学思考的开阔程度,甚至在学术研究上演化出了某些壁垒性的东西。我觉得在未来,法学如果不打破这种"过度"职业化的态势,整个的法学学术研究会变得越来越狭隘。当然,就我个人的看法来讲,因为法学本身就兼涉精深的学理和繁杂的现实乃至具体的实务,所以,整个的法学教育本身就应该有不同的方向侧重:一者,法学应着眼于培养"职业法律人",这可以依循目前的教育模式;而另一者,法学也应着眼于培养"法律学者",这方面的教育则应从根本上突破目前这种狭小的法学范围,而将其放置在一个"大法学"的框架中予以培养,甚至包括人文素养的培养,因为所有这些东西都是法学之所以为"法学",而不是一种纯粹的"法律技术学"的根源之所在。我们的《评论》第 4 辑正在组稿有关法学教育的一些讨论。我们收录和翻译了玛莎·努斯鲍姆(Martha Nussbaum)有关人文教育在法学教育中的位置的讨论,以及尼尔·麦考密克(Neil MacCormick)有关法学教育是一种通识教育的讨论。大家后面可以关注。

目前法理学的第二个问题在于西学(当然这里主要指西方法学)研究的薄弱,乃至有越来越糟糕的趋势。在目前整个的法学界,"中国问题"或"中国问题意识"被

"过度"地强调,一些有关西学的纯研究几乎是被排斥的。我曾多次向一份知名的法学权威刊物投稿,最后都被以"这是一篇纯理论的研究"或这是一篇有关"人物"(比如康德)的专题研究而退稿,这多少让人感到啼笑皆非。如果法理学研究不去研究纯理论的东西,不去研究重要思想家的思想和作品,我不知道我们可以依凭什么来谈论具体的法理问题。说实话,西方如此庞大的一个法学传统,我们只是接触到了很小且很表皮的东西。我们之前的很多西方法学研究都是印象式和介绍式的,至少在我看来,我们的法学研究要达到足够充分的"成熟",对于西方法学的全面且精深的研究是不可逃避的一个现实,而这种不甚理解,在某种程度上造成了我们在现实中法学话语的无力感。总之,扎扎实实地通过翻译、研究及辩驳,从而再度深入研究西方法学,澄明其源流及内在理路,在我看来,是未来法理学研究的重中之重。

第三个是法理学应着眼于"人类生活秩序"的思考。在我看来,法理学不是一门与民法、刑法并列的法学学科,而是整个法学的基础学科。目前的法理学有自我缩限化的趋势,法理学者对于部门法的研习是薄弱和缺乏的。对于诸如家庭、财产、国家等等话题的研讨,它是完全将其让渡给了其他学科。所以,这也致使目前法理学的研究领域变得越来越狭小,当然也越来越无趣,与我们自己的生活也越来越远。其实,整个的法学在根本意义上是在我们对于自己的生活秩序的反思的基础之上逐渐建立起来的。中国的法理学如果要想有生机,就必须着眼于这个活生生的"生活"。当然,我讲的这个"生活"决非一种"被给定"的生活,从而要求我们作经验性的、实地性的考察。这个"生活",以及对于生活的反思,是在对于我们自己"理应"如何活在这个世界之上这样一些问题的回答的基础之上逐渐生成的。总而言之,一种真正的法理学,既要具备我们据以进行思考的能力,这种能力是从对于西学的精深钻研和检讨的基础之上生发出来的,也要有对于法所规范的对象的足够充分和同情性的理解和把握。换言之,法理学从根本上来讲服务于一种总体性的实践哲学,那便是对于应然的人类生活的把握。所以,它必须在整体框架范围内来理解它自身。

董政:您对法理学的理解特别注重学术传承与西学专研,然而,前者必然是一项"长时段"的事业,这难道意味着法理学要放弃对"现时"问题的参与吗?这些问题既包括现阶段社会生活的重大实践问题,也包括现阶段学术界的重大理论争议;后者则是一项"脱域式"的事业,这难道意味着法理学也要舍弃对"本土"问题的探索吗? 或许学术界的确存在一些对"中国问题"的夸大现象,但是"中国问题"在很大程度上可能真的是一个"真问题",那么在面对"中国问题"的时候,法理学作为一种基础理论会不会就一直保持着缄默,由此彻底失语了呢?

吴彦:我并不否定"现时"和"本土"问题的重要性。而且我之所以强调学术传承和西学专研,细心的读者肯定会注意到,我的这个回答本身就有着很强的"中国问题"指向(当然,我不太喜欢"中国问题"这个说法,它多少是个含混的词汇。或许,我更倾向于使用"现实关怀")。如果眼下中国学术在这方面已经做到很好,或许我会强调另一方面。良好的学术素养(无论是西学还是中学)与恰切的现实观照,我觉得是做好学问所必须具备的两个不可或缺的要素。如果我们只是把西方的东西作为西方本身,或把过往的东西作为过往本身来进行研究,尽管也有某种意义,但显然会缺乏某种灵性,无法启发心智向前推进。而如果只有现实的关怀,而缺乏良好的学术训练和素养,那么这种关怀只会是一种浮于表皮的关怀,无法推进深入的思考和理论的建构。所以,过度地强调任何一者都是有问题的。在这里,我觉得在处理西方学问和中国问题时,有以下三点是需加注意的:

第一,就不同的学科类别,"西学"是有着不同意涵的。在自然科学领域,因为它所面对的是没有精神要素掺杂其中的"物",所以,中西之间的相通性是非常强的,它们之间的优劣取决于对于事物的解释力。而在人文社科领域,事情就不是那么简单了。就我个人的体会来讲,西方任何一个思想体系,虽然都以普世性的话语来讲述,但实际上都不是一个"去语境化"的东西。康德的批判哲学,如果不在"独断论"与"怀疑论"这个基本语境中予以把握,是很难理解的,同样地,他的政治哲学,如果不在"意志论"和"理智论"以及欧洲当时的普遍政治处境中予以把握,也是无从理解的;而一旦这些语境被打破,康德哲学的没落是必然的事情,后康德哲学的发展就是整个思想语境和现实语境的一个总体性的变化。法学理论也是一样,我们不能把它看成是一个在任何语境中都有效的东西。我们必须要在一个背景中来把握它们。比如今年5月份我们在北京召开的"自然法青年论坛",其矛头直指目前在法学圈盛行的"社科法学"和"法教义学"。我们之所以提倡"自然法"这个研究路向,其目的决非抢占山头,或因为在三大法学流派中缺少自然法这个流派,所以我们才来讲这个东西。问题恰恰在于,在西方语境中,法社会学和法教义学(或法实证主义)在根本意义上是在作为法律基础的"基本价值"(比如各种自然权利)和"国家基本秩序"(比如现代宪政)已经被良好地安排好的前提下,才开始兴起的。如果我们缺乏对于这样一种背景的把握,而径直把它们作为西方目前"最流行"的法学学问拿过来，显然会出"时代错置"的问题。也就是说，这里的问题不在于学问本身，而在于语境的变化。正是在这个意义上，我们要避免那种拙劣的"模仿"。在我看来，正是这种拙劣的模仿为近百年来那一股股攻击西学的浪潮树立了一个靶子。在这个意义上，我们可以说，西学的研究不仅要着眼于理论本身，而且要着眼于它的语境。只有如此，我们在面对自己处境的时候，才会恰切地予以处理。

第二，目前中国法学圈所一直提倡的那种"中国问题"，其背后是有着一套有关"理论"的非常"实用化"的观念的。理论好像就是被拿来"用"的，没有"用"的理论就是没用的，就是理应被抛弃的。这种过度实用化的思维方式与整个 20 世纪以来中国的总体思想倾向是勾连在一起的，这是比较糟糕的事情。因为，就人类理论活动产生的基本背景来讲，"理论"本身其实并不只是"有用"，它更重要的是帮助我们"理解"，理解外面的世界，理解我们自身，从而在一个更为"隐秘"且更为"长远"的维度来影响我们的实践。就法学理论来讲，它并不旨在解决一些现实问题，而更在于为我们理解法律这个事物提供一个"基本的背景"。所以在这个意义上，尽管法学理论并不解决实际问题，但它却潜在地支配着我们解决实际问题的方式。

第三,正如我在上面所提到的,我并不喜欢用"中国问题"这个词汇,而更喜欢用"现实关怀"这个词汇。因为在我看来,"中国问题 vs.西方理论"这个提法本身在某种意义上是有问题的。因为"问题",就其本身来讲,是被建构起来的,它依赖于理论。如果没有理论,我们是无从看到什么问题的。所以,如果说有什么先于理论的东西,我更倾向于谈论"本土关怀"或"现实关怀",而不是"中国问题"。因为"关怀"是那种潜藏在问题背后的"活生生"的激发着问题本身的东西。所以,法学理论的研究,在我看来,重要的不在于"中国问题",而在于对于现实的"切己体验"和"敏锐判断"。

董政:最后一个问题。在《评论》第 1 辑的"编后小识"中,一位笔名为"点点"的编辑将您以及另一位主编黄涛博士称为法学界新生代的"素人","学术素人"在我看来是一个有趣且颇具深意的称谓,您对这一称谓有何理解?

吴彦:谢谢,"点点"是倪为国老师的一个笔名。这是他给我们俩的一个称谓,我想也是给诸多参与我们翻译、编译等计划的人的称谓。倪老师是一个很敏锐的人,这是他对我们的一个判断。当然,这多少跟我们目前的身份有关,我们身后没有"大佬",没有"资金",多少游离在体制之外,并且我们的很多活动也都是非常民间性的。

我想这是"素人"一词最直接的意象吧。不过,我自己更喜欢把其理解为一种与"独立"和"自由"乃至"朴素"联系在一起的东西。目前中国学术体制有太多不自由和不独立的东西。我们现在经常把老师说成是"老板",这多少说明像师生这种最纯洁的关系也慢慢开始渗透进某种"支配"关系,更不要说像课题、学术期刊这样一些制度了。不过,真正的学术只有在思想的自由展开,切己的体会,带着"闲暇"的慢慢涵泳中才可能逐渐生长出来,而所有这些都依赖于一个独立、自由且宽松的学术环境。所以,其实我更希望我们整个的学术环境能够慢慢摆脱被整个社会所沁染的"轻浮"和"焦躁",而逐渐变得"质朴"和"踏实"。

法哲学的视界

图书在版编目 (CIP) 数据

法哲学的视界 / 吴彦著 . — 北京 : 商务印书馆，
2021
　（新青年法政人文论丛）
　ISBN 978-7-100-19051-0

Ⅰ . ①法… Ⅱ . ①吴… Ⅲ . ①法哲学—文集 Ⅳ .
① D903-53

中国版本图书馆 CIP 数据核字〔2020〕第 173313 号

法哲学的视界

吴 彦 著

商 务 印 书 馆 出 版
（北京王府井大街 36 号　邮政编码 100710）
商 务 印 书 馆 发 行
江苏凤凰数码印务有限公司印刷
ISBN　978-7-100-19051-0

2021 年 1 月第 1 版　　　开本 787 × 1092　1/32
2021 年 1 月第 1 次印刷　　印张 11⅜

定价：48.00 元